本书系国家社科基金重点项目
"基于类型化的违约损害赔偿计算的公式化研究"
(22AFX014) 的阶段性成果

契约选择论

〔美〕哈诺克·达甘　　著　Hanoch Dagan
　　　迈克尔·海勒　　　　Michael Heller

孙伊　译

 中国政法大学出版社

2025 · 北京

契约选择论

版权登记号：图字 01-2025-2023 号

本书献给伊法塔

（哈诺克·达甘）

———————— ※ ————————

本书献给黛博拉、艾莉和乔纳

（迈克尔·海勒）

前　言

　　我们旨在说服您采纳一种自由主义*的合同法观点。为实现这一目标，本书提供了选择理论，即一种在两方面区别于当代论述的方式：它将合同法领域作为一个整体进行分析，并将自由还原为"契约自由"。

＊　＊　＊

　　我们的第一个出发点就是要探索整个契约，而不仅仅是当今学术上主要关注的狭隘商业问题。几千年来，合同法一直围绕着生活中许多不容忽视的契约性挑战的多样化、现成的解决方案进行组织——即除了商业之外，还围绕家庭、工作和住房的契约类型。

　　但随后，在19世纪后期，美国的古典法律思想开始改变契约领域。这种转变在20世纪20年代以塞缪尔·威利斯顿（Samuel Williston）的多卷本专著《合同法》（*The Law of Contracts*）的出版而达到顶峰——该著作仍影响着日常法律（eve-

---

　　＊　"Liberal"一词的含义，经历了根本性变革。18世纪末时，该词还仅作表示慷慨或自由的形容词，而后在学术文献中普遍译为"自由主义"。本书中的"自由主义"仅指，一种以自由为核心价值的法学思想流派，在合同法领域具体体现为追求发展、相信人类善良本性、以及拥护合同自治权等观点。——译者注

ryday law）。威利斯顿的目标是统一一套法律体系，在他看来，法律体系的碎片化掩盖了该领域的基本原则。其计划的结果是将商业合同置于首要地位，并且其附带影响是，使其他契约类型的多样性趋于边缘化。

威利斯顿用当今主导美国合同法的**无原则的统一性**（un-principled uniformity）取代了普通法（和欧洲民法）的**无原则的多样性**（unprincipled multiplicity）。这种转变产生了一种意料之外的影响：如果契约是为了商业，那么法律应该最大化其效用，而这一目标主要是从物质利益的角度来理解的。像自治和共同体这样的相互竞争的价值可以被忽视，因为它们都被视为是该领域之外的。

但如果缔约方事实上关心的价值发生冲突怎么办？正是在这里，如今被视为常规的领域范围（威利斯顿计划）以及目前占主导地位的探究方法（效率分析）均未能达到期望目标。效用十分重要，但它并不是人们在缔约时谋求的唯一价值，甚至不是占主导地位的价值。

尽管威利斯顿成功地重塑了合同法领域，但现行合同法仍然提供了在规范结构上差异很大的类型：有些确实是为了促进效用而组织的，其他一些则旨在增强共同体，但大多数旨在实现这些价值的混合。在很大程度上，保证契约性自治的是人们在人际互动的每个重要领域中从多样化类型中进行选择的持续能力。基于这种描述性现实，以及其所表明的规范要求，我们重新关注契约类型，并在此过程中否决威利斯顿对"什么是契约"这个问题的回答。

* * *

我们的第二个出发点是提供一个有关契约类型的缜密规范性论述。自由是第一位的。我们的主张是一种自由主义论述，它严肃地看待契约在增强自治方面的作用。

在这条路上，我们并不是先驱。查尔斯·弗里德（Charles Fried）在其 1981 年出版的《契约即承诺》（*Contract as Promise*）一书中，重新恢复将自治作为契约的道德核心。弗里德背离了威利斯顿的无原则的统一性，以**有原则的统一性**（principled uniformity）为目标。弗里德正确地指出，自治对契约至关重要——在这方面，他做出了持久的贡献。但是，他的具体论点蹒跚摇晃，因为他忽略了多样化契约类型的作用，以及他将契约性自由建立在一种有缺陷的、基于权利的观点上。尽管弗里德及后续的自由主义理论家付出了数十年的努力，但现在可以说，所有基于权利的契约性自治论点均以失败告终。

这种失败有高昂的代价：如果作为契约正当理由的自由消失了，那么剩下的主要就是效率方法了。但是，一个彻底的契约效率理论从来都不具有说服力。其他价值不能被完全抛弃，例如，如果您反对奴隶制但支持婚姻*。这一挑战在于提供一种具有规范吸引力的方法，从而将效率分析置于自由主义的框架内。该计划的第一步便是否决弗里德对"什么是自由"这一问题的回答。

* * *

我们提供本书作为与威利斯顿和弗里德的对比。选择理论

---

*　在奴隶制下，奴隶被视为财产，其婚姻为奴隶主所控制，缔结婚姻的相关权利也未得到法律的承认或保护。——译者注

展示了合同法如何在增强个人自治的同时，提供人们在合作中所谋求的经济与社会利益。我们的方法将分析回归到 20 世纪自由主义的主流——一种关注增强自决的传统，这在如今的契约理论中几乎是不存在的。通过展示这一传统如何适用于整个合同法，选择理论从弗里德尝试的有原则的统一性转向自由主义所要求的**有原则的多样性**（principled multiplicity）。

虽然（还）不是合同法的重述，但选择理论提供了许多吸引人的教义完善，并解决了合同法及其理论中许多长期存在的难题。它为契约效率分析师的工作提供了更稳固的规范基础，并且它为合同法教师和学生理解案例集经典首次提供了连贯的规范表达。选择理论揭示了自由对于契约为何重要以及如何重要。

中文版前言

　　在《契约选择论》一书中，我们提供了一个基于自治的论述，它回答了契约理论的重大问题。

　　在四十多年前，查尔斯·弗里德在《契约即承诺》（1981年）一书中启发了人们对就合同而言自治中心性的关注。尽管他的方法具有广泛的影响力，但最终还是失败了。自由主义理论家几十年来的进一步尝试也失败了。有一段时间，法经济学家似乎已经厘清了该领域，并赢得了这场知识之战。但福利主义的方法也失败了，因为它们无法解释人类自由和代理机构在塑造合同法中的重要作用。

　　通过选择理论，我们进行了反击，选择理论提供了一种通过法律实现的具有规范吸引力的自由的观点，对核心契约价值及其相互关系进行了概念上连贯的解释，并提供了一条使其更接近我们共同理想的合同法改革之路。您手中的这本书是私法理论中交织在一起的许多分支的放大写照——深受约翰·罗尔斯（John Rawls）和约瑟夫·拉兹（Joseph Raz）的影响——并通过我们先前的作品成型，特别是包括《自由公地》（*The Liberal Commons*，Yale Law Journal 2001）等文章。

然而，选择理论并不是自由主义契约理论的定论。自我们首次出版本书以来的几年里，已经有多场会议以及数十篇文章对我们的方法进行了评论。选择理论面临了来自各方的严厉批评——来自自由主义理论家、法经济学家以及合同教义主义者。我们听到了批评的声音。在许多情况下，他们是对的，这也促使我们在近年来写了一系列文章，这些文章完善了自由主义的契约理论，并展示了如何具体回答契约教义的紧迫问题。

我们希望这个简短的前言能鼓励你以选择理论作为自由主义契约理论的起点进行解释。但不要止步于此。选择理论产生了丰富的文献。对于我们方法的批评，我们提请您注意：《法学理论探究》（Theoretical Inquiries In Law 2019）第 20 卷（来自主要合同学者的挑战），《法律与哲学》（Law & Philosophy 2020）第 38 卷（自由主义哲学），以及《耶路撒冷评论法律研究》（Jerusalem Rev. Legal Stud. 2019）第 20 卷（法和经济学）。为了应对这些挑战，我们在以下三部作品中完善了选择理论：《自由、选择和契约》（*Freedom*，*Choice*，*and Contracts*，Theor. Inq. L. 2019）；《完善契约自治》（*Autonomy for Contract*，*Refined*，L. & Phil. 2020）；《为什么自治必须是契约的终极价值》（*Why Autonomy Must Be Contract's Ultimate Value*，Jerusalem Rev. Legal Stud. 2019）。

在最近的一系列文章中（共同、单独以及与不同的合著者一起），我们探讨了选择理论如何回答了理论领域的紧迫问题，范围从《特定履行：契约中的自由和承诺》（*Specific Performance*：*Freedom and Commitment in Contract*，Notre Dame L. Rev. 2023）到《契约可以解放劳动者吗？契约理论和劳动法》（*Can Contract Emancipate? Contract Theory and The Law of Work*，Theoretical Inq. L. 2023）。

对我们方法的简要总结出现在该文中：《选择理论：重述》（*Choice Theory：A Restatement*，Research Handbook on Private Law Theory，Hanoch Dagan & Benjamin Zipursky eds.，2020）。找到上述文章以及选择理论当前前沿成果的最可靠途径是搜索ssrn. com。

我们很高兴您正踏入自由主义契约理论的旅程，我们期待且欢迎您与我们共事于使合同法与其最深层的自由主义价值相契合的崇高工作。

哈诺克·达甘

杰出法学教授

私法理论中心创始主任

加州大学伯克利分校法学院

迈克尔·海勒

教学事务副院长

劳伦斯·亚瑟·维恩教授

哥伦比亚大学法学院

2024 年 8 月

译者序

　　本书是哈诺克·达甘教授与迈克尔·海勒教授两位顶尖私法学者合作的私法理论著作，在西方法律学界引发了广泛关注及探讨。本书不仅是一部合同法专著，同时也是一部全面的法学理论专著。本书一方面具备学术和实践意义，不仅梳理了美国法上主要契约理论的发展史，还对如何落实合同法相关规则提出了细致的建议；另一方面又兼具教育学目的，它旨在转变学生——以及后来的律师，法官和学者——在理解与适用合同法时所采用的概念框架和规范语言。本书围绕合同法展开，并挑战了合同法的传统范式，将自由主义政治哲学引入契约分析，为劳动法、家庭法、消费者保护法等领域的改革提供新思路。本书的核心主题是构建一种基于自由主义的契约选择理论，旨在解决传统合同法理论存在的问题，重塑人们对契约自由及合同法价值的理解。总体上，本书可被划分为三个次主题：①批判与重塑契约自由理论。②剖析契约核心价值及价值间的相互关系，并指出其在不同契约类型中呈现出的不同组合与平衡。通过该种分析，揭示了不同契约类型的本质特征以及它们如何服务于人们多样化的利益诉求。③探索国家在合同法中的角色与责任，以及国家干预与契约自由之间的相互关系。总体来看，本书的价值不仅在于私法理论的创新，更在于为私法尤其是合同法的发展指明了一条兼顾自由与多元价值的新路径。

考量到国情、政体及法域等客观差异，在译介本书之际，译者认为有必要向读者作出如下说明：

本书中的某些观点和理论框架是基于西方特定法律文化背景提出的，例如，书中提及"代孕"问题，仅作学术探讨之意，我国严厉打击非法应用人类辅助生殖技术，国家多次明文规定"代孕"不受法律保护，因"代孕"活动所签订的协议内容违反法律，违背公序良俗，法律不予保护。本书实质上是一部学术性强、旨在推动理论探讨的著作，试图以系统、连贯的方式，回应合同法在理论与实践中的若干长期问题。因此，本书的内容仅作为学术探讨和理论参考，不代表译者及出版单位认同其全部观点。希望本书的引介，能够为拓宽我国法学研究的视野提供微薄之力，也希望读者在阅读时能够结合我国国情和法律实践，批判性地吸收其中的有益成分，为推动中国特色社会主义法治理论的发展以及为中国自主法学知识体系的建设贡献力量。

最后，感谢各位读者的关注与包容。若本译著存在理解偏差或表述不当之处，尚祈各界批评指正。

孙　伊

吉林大学法学院

2025 年 4 月 24 日

目　录

第一部分

作为契约价值的自治

第二部分
契约的利益

第三部分
契约选择理论

引 言

选择理论

作为自由的人，我们并非各自生活在孤岛上，并非完全独立地与世隔绝。我们想要并且需要彼此来实现人生中有价值的目标。合同法为实现这些目标提供了强有力的手段。通过契约，我们可以招募其他人来帮助谱写我们生活的故事。

但是，有一个问题。契约需要执行，执行需要强迫，但强迫似乎与自由相悖。那么"契约自由"是可能的吗？是的，即使是在执行我们的契约时，国家也可以尊重并事实上增强我们的自治。然而，这一观点的原理并非不言而喻的。本书的目的就是展示在一个民主政体*中，对自由的坚定认同是如何证成以及塑造合同法的。

我们从 20 世纪的主流自由主义传统出发，即关注个人自治——具有自决、自我创作以及确保我们作为个体谱写和改写自己生活故事的能力。以赛亚·伯林（Isaiah Berlin）、H. L. A. 哈特（H. L. A. Hart）和约翰·罗尔斯（John Rawls）为代表的

---

* 既有文献一般认为，完成了系统性自由主义改革的政体可被称为民主或自由政体。——译者注

自由主义者，对自由意味着什么的深刻且广泛认同的理解正确地主导了最重要的政治、法律和哲学争鸣。

然而，令人惊讶的是，这种路径在最近几代关于一般私法，特别是合同法的成果中消失了。契约自治的其他观念——比如康德式以及自由意志主义关于个人独立的观点——现在在该领域有着强大的影响力。但它们都必然会失败，原因我们将在第 1 章到第 3 章中详细介绍。同样，自由主义本身的基本替代方案，比如政治自由主义，并不足以证成合同法，正如我们在第 8 章中解释的那样，我们在该章中回应了针对我们理论的许多反对意见。

我们称我们的方法为契约选择理论。在这种观点中，国家执行契约不仅是为了让整个社会变得更好——那是效率的理由——更根本的是为了增强人们的自治，从而他们可以使自己的生活有用意地属于自己。我们的大部分任务是说服读者，任何值得被称为自由主义的契约理论，都必须关注在这个意义上被定义为自决的自治。

选择理论回答了契约理论中最重要的问题：什么是"契约自由"中所颂扬的"自由"？当国家强制契约履行时，个人如何更加自由？合同法应当促进哪些核心价值以及那些价值如何相互关联？国家必须在塑造合同法方面发挥积极主动的作用吗？如果是这样，那么那种作用是指什么？

现有的方法无法回答这些基本问题。一位评论员甚至提出："如今没有公认的契约理论。试图构建连贯的契约解释的努力似乎陷入了僵局。"[1] 实际上并没有僵局。一个理论上恰当、概念上连贯以及规范上吸引人的契约的阐述已经显现。选择理论始于现代自由主义中最吸引人的、争议最小的原则，并终于这些原则对合同法的影响。

契约自由

选择理论用来指明前进方向的主要工具是一个我们称之为"契约自由"（freedom of contracts）的组织框架。我们想主张"契约自由"（freedom of contract）这个普遍存在的短语——没有"s"——但由于它混淆了消极自由和**自由放任**（laissez faire）的联系，所以我们把这个术语置于一旁。

"契约自由"概括了契约性自治的三个不可削减的、必要的要素：①总体性自愿原则，有时被称为"免于契约"（freedom from contract）；②契约内条款谈判的惯常自由；③长期被忽视的在契约类型之间选择的自由。正如我们将展示的那样，对第三个要素的关注——在类型之间的选择——是让契约理论走上可持续自由主义道路的关键。

我们同意第一个要素，即自愿性是自由缔约的一个基本方面，我们将在第8章中讨论这个问题。此外，我们承认第二个要素，即契约内条款谈判是缔约的一个重要方面。这是当前理论的压倒性焦点。有时，人们确实想要其特殊的交易，并且他们需要法律做的不过是执行他们的共同协议。

但为条款谈判并非缔约的主要运作方式，它也不应像其长期以来的那样，决定着契约性自治的中心意义。通常，当人们自愿缔结契约时，他们并不是从头开始设计其交易的。对大多数人来说，大多数时候——如果我们结婚、开始一份新工作，

3　　或者点击"我接受"按钮时——契约性自由意味着能够从充足范围内、在规范上有吸引力的现成契约类型中进行选择，然后，也许在交易中能进行一些与交易语境相关的调整。在很大程度上，自由意味着追求生活中有价值的目标，而不是花费资源在契约条款上争论不休以及担心他人是否利用我们。

换言之，当今支撑缔约的核心支柱是对契约类型的选择。我们所说的"类型"并不是指标准格式合同或样板条款本身。格式或条款可能反映当事人对特定类型的选择（例如特许经营协议），他们可能会将某种类型推向某个方向（例如房东提供的租约），或者他们可能会指向某种新类型的出现（例如同居协议）。但标准格式和条款本身并不是类型。无论是特许经营还是代理，商业性租赁还是居住性租赁，同居还是婚姻，它们都是人们通过契约创造的关系类型的特殊实例。

每种类型都使用法律所内嵌的独特理论特征——而不仅仅在格式合同或样板条款中——来体现该类型的特定规范关切并稳定其共同的文化意义。仅举几个例子，考虑诸如解除婚姻合同的等待期、对雇员竞业禁止协议执行的限制以及消费者交易中的慷慨退货规则等理论问题。从如今大多数契约理论的视角来看——关注契约内条款谈判的自由——这样的理论规则可能看起来是一般规范的例外，是需要被合理化的怪现象，或甚至更糟，它们可能被简单地框定为对契约性自由的限制而被抛弃。

相比之下，选择理论表明，这些理论中的每一个以及许多其他理论，都可以被更好地理解为特定契约类型不同规范关切的线索和反映。通过稳定它们各自的类型，使它们对缔约方而言更可行且更有吸引力，以及通过对重要关系的结构作出可行的不同选择，这些教义规则可以增强契约性自由。

对类型之间实际存在的选择的关注，为自由主义的以及一般的合同法理论打开了大门。我们将依次介绍这三个要素。

自由主义理论

为达到自由主义的标准，契约理论必须建立在契约性"自治"的具有吸引力的概念之上——或"自由"（freedom）或"自由"（liberty）的概念之上（我们互换使用这些术语的原因将在第 4 章结束时变得显而易见）。问题在于，契约自治不是自我定义的。恰好相反，将其确定下来是很困难的，比这个概念的简单直觉吸引力所暗示的要困难得多。[2]

1. 贯穿选择的自治。选择理论的第一个理论抱负是，提供一种基于并且很好地适应契约类型实际多样性的自由主义契约性自治概念。这种自治的要素——反映了契约自由的通常含义——包括支持个人追求其独特交易。但如果要扩大为自治服务的有意义的选择，合同法就必须做得更多。它还必须支持在人际互动的每个重要领域中，在多样化、具有规范吸引力的契约类型间进行选择的自由。自由人在一定程度上是由他们拒绝的有吸引力的选择来定义的，而不仅仅是他们选择的那些。

这种主张的影响是显而易见的。正是在这里，选择理论提供了其单一的、最重要的以及最独特的规范结果：一个致力于人类自由的国家必须积极主动地塑造合同法，包括确保具有规范吸引力的多样化类型的可用性。这种认同意味着国家有时有义务支持服务于少数派或乌托邦价值的新兴契约类型的建立——即使在对新类型的市场需求很低的情况下也是如此。这种支持可以采取执行新契约类型（例如，由司法创建的同居教义或私下起草的商业代孕合同*），或消除对新兴契约类型（例如，加拿大的"依赖型缔约方"）的立法和监管障碍的方式。我们在第 11 章中阐述了这一过程，然后在第 12 章中，我们探讨了一些对选择拓展起制约作用的限制因素——基于认知、行为、结构和政治经济学基础以及对比较制度能力关切的回应。

2. 强制性规则与自治。作为支持新类型的必然结果，有时国家还必须限制在类型内的选择。通过稳定和引导关于类型的文化期望**，这些限制可能对使它们高效进行而言是必要的。最后一点表明了选择理论的令人惊讶的结果：契约类型中的粘性默认***以及甚至强制性条款都可以事实上增加自由，只要——以及这是至关重要的——法律提供了在类型之间的充足选择，我们将在第 10 章中证成并完善这一主张。

---

* 中国严厉打击非法应用人类辅助生殖技术，国家多次明文规定"代孕"不受法律保护，因"代孕"活动所签订的协议内容违反法律，违背公序良俗，法律不予保护。本书中提及"代孕"（特别是第 11 章）仅作学术探讨之意。

** 文化期望（cultural expectation），是指在特定文化背景下，人们对个人行为、态度和价值观的期望和要求。——译者注

*** 首先，默认规则（default rule）又称"缺省规则"，是指除非人们主动选择退出，否则将默认执行的规则。而粘性默认（sticky default）则是指因为退出成本太高，故人们倾向于不推翻缺省规则。通常认为，粘性是高机械成本的产物，而非高信息成本的产物。——译者注

一般理论

选择理论的第二个概念性要素是展示自由主义的契约理论如何也可以是一般契约理论。要达到一般标准，理论就必须设法解决各种利益及多样化缔约领域。

1. 领域内多样性。我们拒绝任何单一价值——效用、共同体，甚至自治——足以构成一个连贯的一般理论的观念。相反，我们将大多数规范性（和理论的）探讨重新定位到一个更正确和更富有成效的层面——这与使每种类型都充满活力的多样化价值以及每个领域共同反复出现的困境有关。就目前而言，只要注意到我们所说的"领域"是指人际互动的核心领域就足够了，在该领域中，合同法可以丰富个人如何合法地招募他人参加其计划。我们在第 9 章中研制的特定领域分类法完全有助于确保在类型之间进行充分选择的目的。（第 10 章确定了"类型"，涉及我们怎么知道何时出现新"类型"以及何时类型范围是"充足的"。）

毫不奇怪，那些看似使婚姻、就业和消费者交易有生命力的价值彼此不同，也不同于那些驱动商业交易的价值，更进一步说，在单一领域内的契约类型为个人提供了在不同价值间的选择。事实上，选择理论的核心要求是具有不同价值组合的、具有规范吸引力的类型的可得性，这些组合可以作为每个领域内的有效替代品——即我们所称的领域内多样性。

2. 经济学家的自由。这种方法的一个附带好处——也是本书的一个主要推动力——是为以效率为导向的合同学者的工作提供更稳固、更具正当性的规范基础。合同法的很大一部分是也应该是受效率关切所驱动的。但一个彻底的效率契约理论从来都没有说服力。例如，如果您反对奴隶制但支持婚姻，那么对自治和共同体的关切就不能被完全地消除。那么，这些规范认同如何相互关联？

选择理论解决了这个难题。它展示了合同法如何在增强个人自治的同时，为人们提供他们所谋求的经济和社会利益。因此，正如第 4 章和第 7 章所述，我们承认自治是合同法的最终价值。与此同时，我们注意到人们通常不会签订特定的契约来变得更加自由。有时，正如第 5 章所阐释的那样，人们会缔约以实现"效用"。其他时候，他们谋求"共同体"——在第 6 章中我们定义了这个些许笨重、过时的术语，涵盖了与功利主义利益不同的缔约的社会利益。契约自治主要但不完全是为了确保人们能够在他们选择时在这些价值之间作出高效的选择。

6 对于效率理论家来说，我们提供了一条从不适的集体主义立场中回归的道路。这种立场隐含着对最大化社会福利的排他性关注，并且我们为他们提供了一种具有规范吸引力的方式，以将效率分析置于自由主义框架内。大多数效率理论家都关心自由，但他们除了在总体方向上挥挥手外，还没有一种令人信服的方式将这种关切纳入他们的模型。

我们指明了方向：至少，效率理论家必须采用第 8 章中的五个理论点有益的修正内容，并考虑在全书中散布的且在结论中合订的大量新颖的理论改革观点。简言之，自由是有代价的。

法学理论

最后，为达到一种自由主义的、一般的法学理论的标准，我们认真考虑了选择理论独特的改革方案。它归结为两个组成部分：首先，自由开化的国家有义务确保领域内多样性；其次，超实质性*或一般合同法概念的含义应根据特定契约类型的"局域性"能动原则**而有所不同。我们依次考虑了这些：

1. 国家的积极作用。先前基于自治的理论将理想的合同法与法律被动性混为一谈，即认同法律的目的仅仅是执行当事人的意愿，并可能治愈个别的市场失灵。

相比之下，选择理论揭示了为什么一个致力于人类自由的国家必须通过塑造不同的契约类型来积极促进人际关系。合同法在兑现自由主义的自由承诺上发挥着至关重要的作用。国家可能背叛这种增强自治的使命，不仅因为有糟糕的法律或过多的法律；法律的缺失也可能破坏它。[3]更尖锐地说，选择理论表明，自由开化的国家有积极的义务确保人际互动的每个重要领域都有充足范围的契约类型——但要受制于在第12章中讨论的相对制度能力的关切。

选择理论最擅长分析新兴契约类型——像妊娠代孕、共享经济中的就业以及律师事务所的合伙结构等多样化领域。虽然

---

　　* 超实质性（trans-substantive），是指在形式和应用方式上，不会因一个实质性背景与下一个实质性背景而发生变化。——译者注
　　** 能动原则（animating principle），是指赋予生命的力量或能量，使其能够生长、繁殖和运作的基本原则。——译者注

契约性创新的市场是充满活力的，特别是在商业领域，但没有理由相信现有的契约类型要么穷尽了人们通过缔约谋求的各种利益，要么被最好地配置以支持他们不同的目标。

2. "局域"合同法。选择理论的第二个影响是挑战"一般"合同法原则应在整个合同法中具有的普遍意义的观点。[4]这种以对自治的基本认同的名义提倡多样性的观点看似不连贯，但一旦我们认识到它依赖于一种常见的、基于自治的对多元化的认同，这种不连贯就会消失。正如我们在本书后半部分所讨论的那样，我们方法的优点是为评估合同法的精细教义细节提供了一种有结构的方式。

我们展示了常见的契约概念的应用——例如，违约金、效率违约以及诚实信用和公平交易的义务——应根据驱动不同契约类型的规范关切而有所不同。即使是自愿性这一最超实质的契约关切，在不同类型中也应该得到不同理解，并且用于保护这一关切的理论工具也应相应地有所不同。此外，我们还展示了一般合同法理论的普遍适用如何导致长期存在的契约类型中的理论混乱。我们举例说明选择理论如何能提高我们对例如代理法、保管法、消费者交易法、信托法和担保法的理解——这些都是传统的威利斯顿（Williston）之前合同法的基本要点（the ABCs）。

将自治作为契约规范基础的一贯认同意味着，理论上的解释和评估总体上应该着眼于现有契约类型的"局域的"能动原则，而不是合同法的任何"核心"原则。虽然这种立场对于一些美国契约理论家来说似乎是新颖的，但它可以与普通的、分类学的民法方法的原则性类比，在这种方法中，"将契约归类为特定类型，并产生了一组关于什么对于该契约来说是核心内容的抽象期望。"[5]

整个契约

应该已经很明显的是，选择理论与当代的契约方法有两点实质性的背离。正如前言中指出的，我们对整个领域感兴趣，并且认真对待契约自由的中心地位。关于这些背离的更多内容可能会有所帮助。

1. 威利斯顿式约束。在我们看来，契约理论似乎已陷入"僵局"，主要是因为该研究领域受到了太多人为限制。如果你向理论家询问婚姻或代孕合同类型，许多理论家会回答：那是家庭法，而不是契约。那么新形式的工人合同呢？那就是雇佣法或劳动法。消费者交易呢？他们是监管国家的一部分。契约理论没有涵盖多样化类型，而将其焦点缩小到某些商业交易上。

这种概念上的收缩代表了一种非历史的、误导性的契约观。[6]几乎从罗马时代到现在，合同法都是建立在对现有和新兴契约类型的作用的认识之上的。古罗马法本身就以"有名"合同（契约类型）和"无名"合同（独立交易）间的分歧为特征，这种区分在欧洲大陆法系中一直存在。[7]例如，今天的德国法律提供了"典型"契约类型的分类法，每种类型都有其量身定制的教义；它具有通过现有类型分流分析"混合"（hybrid）或"混合"（mixed）合同的方法；并且它为"非典型""习惯"和"新"类型部署了识别机制。[8]相比之下，美国的契约理论却忽视了这种深层结构。

关于契约在美国是如何转变的论述超出了我们在这里的讨论范围。值得一提的是，这个过程将契约理论从关注独特类型转变为了超实质的、程式化的和看似普遍的方法。这种转变始于 19 世纪晚期克里斯托弗·哥伦布·兰德尔（Christopher Columbus Langdell）的作品，在塞缪尔·威利斯顿（Samuel Williston）1920 年的专著《合同法》（*The Law of Contracts*）中得到具象化，并在 1932 年的《合同重述（第一次）》（*First Restatement of Contracts*）（威利斯顿作为报告人）中得到充分巩固。[9] 也许是由于威利斯顿对创造一个全国性的、统一的商业法律架构的一贯关注，他让许多实际的缔约实践看起来似乎是边缘的——或完全处于合同法之外。20 世纪早期美国的这种独特的发展轨迹将商业交易提升到契约的核心位置，但作为附带影响，实质上掩盖了不同契约类型的生成作用。

威利斯顿用"一般"法律超越契约类型的愿望是可以理解的，而且确实值得称赞（特别是如果将其重新定义为我们在第 8 章提出的"独立缔约的剩余类别"）。但律师不能依赖"一般"合同法来处理就业、家庭或其他普通契约类型的关键要素——即使该法律按照我们的建议进行了重新设计。依赖任何普遍性观点往往会构成渎职。[10] 今天的契约理论主要由一般合同法的概念主导，并且是围绕特定的、非特别具有代表性的商业缔约领域进行构建的。

因此，简而言之，选择理论的第一个实质性背离是反对威利斯顿式观点，即缔约的核心是对商业交易中的条款进行谈判。此类交易当然很重要，但它们并不是任何缔约领域的柏拉

图式类型，甚至在商业世界中也是如此，事实证明，这个世界 9
越来越受到合作缔约、战略联盟和商业网络等许多其他的新颖
实践的影响。虽然我们并不是首个注意到被忽视的契约类型作
用的人——以卡尔·卢埃林（Karl Llewellyn）为首的关系理论
家也抵制威利斯顿式措施（move）[11]——但我们是首批提供将
类型多样性与其增强自由作用联系起来的规范性论述的人。

2. 合同法教学。不幸的是，合同法教学遵循了威利斯顿
的商法推进。美国法学院学生学习合同的主要案例书都是按照
超实质的路线组织的，并将许多非商业缔约实践从其解释领域
边缘化。[12] 每个案例书都展示了伍德诉露西案（*Wood v. Lucy*）、
达夫-戈登夫人案（*Lady Duff-Gordon*）、威廉姆斯诉沃克-托马
斯家具案（*Williams v. Walker-Thomas Furniture*）、雅各布与扬斯
诉肯特案（*Jacob & Youngs v. Kent*）、哈德利诉巴克斯代尔案
（*Hadley v. Baxendale*）、泰勒诉考德威尔案（*Taylor v. Caldwell*），
以及同样的几十个主要教学案例（略有不同），以强调一个由
单薄的功利主义脚手架支撑起的威利斯顿式议程。据统计，在
排名前六的案例书中，大约 1200 个摘录案例中的绝大多数都
以商业为焦点。[13] 甚至没有一本书包含专门致力于非商业合同
类型的单独章节，也没有一本书提供了一个连贯的框架来分析
在工作、住房或紧密关系领域的缔约中什么是独特的。[14]

当书中注意到对诸如承诺禁反言、显失公平、对价、特定
履行或虚假陈述等概念的超实质应用的"偏离"时，偶尔也
会出现一些概念关切和规范关切。[15] 这些偏离主要表现为"公
共政策"或衡平权利在非商业背景下的司法应用实例——而
与绝大多数"依法"裁决的并用于说明基于规则的、商业导

向的、超实质的原则的摘录案例形成对比。

然而，如果说基于公共政策或公平理由裁判的案件是来自连贯核心的异常值，那便大错特错了。公共政策和公平涉足的合同法结构与其涉足的依法裁判的结构一样深入。学生们面临的挑战是，案例书并没有为他们（或他们的教授）提供任何连贯表达来讨论哪些原则可能使公共政策或公平具有生命力。这些概念是连贯地贯穿于合同法中，还是只是临时拼凑的混合物？我们应该在什么时候适用哪个原则？

另外，教给一年级学生的"一般"法律使他们无法理解在高层级"合同"课程中以及后续法律实践中遇到的多样化的家庭、工作、住房和消费者合同类型。学生们在开始他们的职业生涯时，没有语言设定来思考为什么合同法会像这样，也没有工具来争论未来合同法应当如何被塑造——除了一些未充分发育的功利主义认同。

值得注意的是，契约是私法的异常值。其他私法领域并没有经历过同样的扁平化过程。例如，财产法仍专注于不同产权类型中反复出现的困境——即产权转让、租赁、地役权、共同所有权和知识产权——以及这些财产制度所依赖的特殊规范关切。侵权法也仍然保留着一些威利斯顿之前的契约的波动（lumpy）特质（尽管如今对过失的教学重点被夸大了）。

第一年的合同法课程彰显了威利斯顿最大的胜利。在某种程度上，这本书有一个教育学的目的，它旨在转变学生——以及后来的律师、法官和学者——在分析美国契约时采用的概念框架和规范性语言。首先，我们否决了威利斯顿对"什么是契约"这个问题的回答。

契约性自由的性质

我们的第二个出发点关乎契约自由的性质。这并不是一个新的问题。一些自由主义契约理论家——尤其是查尔斯·弗里德（Charles Fried）在《契约即承诺》(*Contract as Promise*)中——以康德作为其出发点。其他人则从像罗伯特·诺齐克（Robert Nozick）这样的自由主义哲学家开始。根据他们所推崇的自由的哪个方面，自由主义理论家对由此产生的方法进行了命名，比如"承诺理论""转让理论"和"同意理论。"所有这些现代理论都共享一个关键要素：他们都以一种基于权利的（或义务论）契约观回答了"什么是自由"这个问题，而这种契约观排除了结果主义（或目的论）要素。

虽然这些理论做出了许多有益的贡献，但作为一个整体，它们已经走进了死胡同。这并不是要谴责义务论式的一般私法理论。例如，它有可能为侵权法构建一种有说服力的义务论方法。我们的主张更有针对性：尽管经过了几十年的持续努力，但基于权利的契约性自治理论以及其推进的雄心勃勃的改革计划都失败了。现在是时候该继续前进了。

现有自由主义契约理论的关键错误转向是将"契约自由"一词与消极自由或个人独立联系起来，即认为合同法应执行个人同意的任何私人交易，不然应让路。在很大程度上，该观点是威利斯顿计划的哲学对立面——事实上，威利斯顿本人也提倡这种立场。[16] 如果契约集中地涉及成熟的商业交易，那么消极自由的观点既不是那么令人惊讶的，也不是完全没有道理。

11

但这种狭隘的正当理由已经超出了商业背景。"在对合同法的正统理解中，契约性义务的内容是当事人的事务，而不是法律的事务"，这已经成为一种基本认同。[17] 这一主张最有力的版本来自法经济学家理查德·克拉斯韦尔（Richard Craswell），他写道，契约性自由与合同法"关系不大"，因此它被认为与合同法设计"在很大程度上无关"。[18] 在这种观点中，"契约自由"或多或少地演变成一种在本质上国家不干涉的立场，这种观点在很大程度上忽略了合同法如何能够、应当以及实际上保障自由。[19]

现有自由主义契约理论可能很好地适用于商业缔约的有限方面，但当其扩展到涵盖整个合同法时，它们就失败了。人们想要的，并且法律一直提供的，远远不止是契约的消极自由样式。那么，从描述上讲，现有的自由主义理论忽略了为什么我们要彼此缔约的结构；从概念上讲，它们忽略了契约性自治的关键特征；从规范上讲，它们轻视了多样化缔约利益。

传统的自由主义观点是糟糕的理论。糟糕的理论代价高昂，而且不仅仅体现在理论上。与威利斯顿计划一起，消极自由观有助于将契约分裂成不同的、不相通的领域。例如，许多研究工作与家庭的学者将他们的领域定义为有别于合同法，甚至是与之对立的。在这样做时，他们经常试图保护他们的契约类型免受他们所认为的消极自由观的影响。[20] 但他们和我们都付出了高昂的代价。我们都忽略了改革的结果，这些结果来自对契约在雇佣法、劳动法和家庭法中增强自治的潜力的重视，以及对整个缔约实践所产生的深刻见解的充分利用。

消极自由观的另一个代价更为微妙。在从雇佣法、劳动法、家庭法以及其他核心领域脱离出来后，如今合同法中留下的大部分是商业交易法。目前的自由主义理论对商法来说没有太多有说服力的说法。甚至弗里德，在他最近的成果中，也发现他的自由主义理论基本上转变为常见的效率改革。[21] 某种程度上，个人希望其成熟的商务合同主要是实现财富最大化的，那么在很大程度上，效率分析应该主导讨论，而自由主义契约改革应该没有什么吸引力。

相反，效率理论家明白，效率不能成为他们唯一的衡量标准，即使对于商法也是如此。但是，采用任何当前的自由主义理论——附有混乱的概念性装置和缺乏说服力的规范计划——都将付出过高代价。因此，效率理论家可能会认为自由只是"启动"契约或发挥某些微小的作用，但自由主义价值很大程度上不存在于他们的模型之中。脱离自由主义原则对契约进行效率分析的转向，无论对其自身工作还是对法律发展而言，都是代价高昂且草率的。

虽然现有的自由主义契约性自由理论都失败了，但这并不意味着我们必须放弃自由。主流的自由主义自治观（自治即自决）仍然可用并且可被正确理解，其为合同法提供了可靠的正当理由。选择理论与效率分析相得益彰——它将自由重新放回了方程式中。

三个方法论的说明

在我们展开论述之前，关于我们理论的性质及其精确对象和范围的三个方法论评注是有顺序的。第一个涉及解释，第二个聚焦于决策和思考类别之间的差异，第三个涉及从理论到实践的路径。

1. 关于解释。我们认为我们的方法是对自由社会中现行合同法的解释，这种解释为其教义制定了一个理论框架，以最佳的方式呈现它们。与我们一样，法律的"解释理论"并不旨在发现立法者的初衷，也不旨在分析法律的历史演变。它无意推翻现有做法，也不是要以完全革新的社会组织方式取代法律。

相反，解释理论介于发现和发明之间。[22] 它建立在现有实践的基础上，并因此重申了许多现行法律。但是它对这些实践的论述暗示了一种新的法律视角，不可避免地颠覆了一些传统智慧。因此，它指出了法律可能的完善路径以及为未来改革者和学者提供了研究议程的新问题。

事实上，正如罗尔斯所指出的，解释理论旨在既理解现有实践又指导其演进。因此，他们需要识别出实践的"核心"特征以及其他特征，前者是理论必须适应的固定点，而后者则可以被较少地遵从，并因此根据理论重新审视并进行可能的改革。[23]

现有合同法理论确实作出了这样的区分（明示或暗示），例如，将赔偿的期望措施或对价要求视为契约的教义核心。[24] 然而，这些选择绝不是显而易见的：例如，在大多数大陆法系中，对价甚至不是契约的必要特征，更不用说核心特征了。[25] 此外，寻找一条贯穿于各种契约类型的规则，已经预设了扁平化的威利斯顿式契约观，即契约是一种不定形的统一形式。

因此，我们对核心的选择在本质上是不同的：选择理论关注的恰恰是现有规约性观点所掩盖的——代表实际合同法契约类型的多样性。我们通过强调其自治增强功能，以最佳的方式呈现了这种多样性。与任何其他解释理论一样，我们不能指望我们的解释能够解释法律的每个显著特征。但选择理论揭示的缝隙是有用的：它们有助于将注意力集中在法律是否以及为何没有实现其自身（隐含的）理想上。[26]

最初表现为法律上的一个瑕疵，但结果却成为选择理论最重要的观点——与商业领域相比，在家庭、工作和住房领域的相对匮乏的类型，以及对此的国家义务。

2. 关于决策和思考。 将多样性置于首位和中心位置引发了第二个方法论难题。如果契约类型之间的差异如我们所声称的那样显著，那么是否意味着"契约"并不是一个重要的包罗万象的类别，反过来就意味着不可能存在合同法的一般理论？

不是的。如果我们牢记决策类别与思考类别之间的区别，那么一般理论是有可能的。[27] 选择理论的确意味着，契约类型背后的规范关切是如此多样，以至于仅仅把某些东西贴上"契约"的标签并不足以证成任何具体的改革结果。换句话说，我们无法证成将契约作为决策类别。

然而，这并没有消除契约作为理论类别的重要性。恰恰相反。尽管不同类型的规范关切各不相同，但它们有足够的结构相似性，使得"契约"仍然是一个有用的思考类别。例如，由于所有契约类型都必须是自愿的——考虑到我们将自治作为契约的（一个）最终价值的基本认同——保障自愿性是多相（heterogeneous）类型的共同挑战。尽管我们得出结论，就像我们在第 8 章中做的那样，即认为根据特定契约类型的规范价值而定制不同的教义工具来处理是最好的，但思考应对不同契约类型挑战的适当方法可能会有所帮助。

14　　此外，使多样化契约类型具有生命力的基本价值确实存在重叠：它们都旨在保障契约的工具性利益和内在利益，主要是效用和共同体——同时保障自治，总是作为最终价值，以及有时作为附带约束（我们在第 4 章和第 7 章中阐述了区别）。这种重叠确保了，对契约类型多样性的反思可能会产生一些有益的交叉促进，反过来，这也证成了将它们放在一起研究并将其作为统一学术分析对象的合理性。

最后，认识到所有契约类型在服务于人们自治方面的共同功能是至关重要的，因为这意味着，对于每个潜在的缔约活动领域，国家都应该提供一个强有力的选择菜单。这也意味着，自由开化国家必须开发出一种"剩余缔约"类别，以供那些更愿意拒绝合同法所青睐的互动形式（一个看上去可能与"一般"合同法现有理论大相径庭的类别）的人使用。[28] 在不同类型中进行选择的自由可以而且确实与就条款谈判的自由并驾齐驱。

3. 理论与实践。 正如我们标题所示以及正文将证实的那样，这主要是一本合同法理论的书。前半部分批评了现有方法；后半部分提供了一种替代方案。然而，我们的目标不仅在于更好的理论，还在于更好地进行实践。

我们提出了一个新颖的契约概念，因为我们相信，采用选择理论并实施其改革议程将增强现实世界中真实人们的自决。因此，展示一条从理论通往实践的可行路径至关重要。否则，选择理论将只是一个美好的幻想。事实上，我们怀疑一些读者甚至在阅读本引言时也可能会对实施问题感到不耐烦。

在我们看来，这些关切有两种主要形式：实质的和制度的。从实质上讲，批评者可能会担心，我们对契约类型多样性的呼吁会忽视选择的范围和弊端。如果更多的选择减少了自由怎么办？从制度上讲，批评者可能会担心，我们提及"合同法"这样做或那样做则意味着，我们认为无实体的"法律"在某种程度上是应提供契约类型或促进领域内选择的代理人。那么是否有实际的法律制度足以有能力来实施选择理论呢？

对于任何关心将选择理论付诸实践的人来说，这些都是合理的挑战。我们将我们的答复推迟至第 12 章，并不是因为这些挑战不重要，而是因为答复要求我们首先系统地呈现出选择理论的轮廓。在实质性方面，我们确定了关于扩大选择的一系列认知、行为、结构和政治经济学关切。我们提供此清单作为对实施选择理论感兴趣的跨学科学者的研究议程。

关于制度挑战，我们可以勾勒出一些更实际的步骤。例如，在商业领域，我们经常看到市场需求推动新商务合同类型的创造。成熟的商务当事人可能是这个领域最好的类型开发者。他们共享一个财富最大化的衡量标准来评估条款，并且他们有动力做好设计工作，因为他们可以直接捕获他们产生的大部分盈余。

当当事人的首要目标不再是财富最大化时，挑战就会出现。这样一来，就没有理由指望市场需求驱动充足类型的创造。因此，实施选择理论就演变成了对包括州立法机构和法官、美国法学会（ALI）和美国统一州法委员会（NCCUSL）以及公共利益团体、律师事务所和游说者在内的行动者的比较制度能力研究。

一种方法是鼓励各州采用其他州或国家的成功类型（我

们给出了这种"比较性"策略的例子）。另一种方法是鼓励他们支持而不是压制已经有一定程度需求的新兴和乌托邦式类型（"经验性"策略）。比如美国法学会和美国统一州法委员会等机构或许能够完善新颖的类型，例如同居、民事结合*、"依赖式缔约方"等（"增量"策略）。我们并不是说这些机构中的任何一个都应该从头开始创造新契约类型。他们会如何选择？诚然，我们在本节中的想法是初步的，因为完整的答案将不可避免地与特定契约类型或特定州或国家机构的设计联系起来。

因此，我们在第 12 章中关于将选择理论付诸实践的论点在一定程度上不太多（modest），但仍然至关重要。最重要的是，我们排除了实质性和制度性批评是包罗万象的这种（毁灭性的）可能性，而是表明它们是针对特定契约类型或制度设置的局域性批评。选择理论尚有待实施，其将使得合同法在增强人们自决方面比现状做得更好。

简要的路线图

第一部分考察了先前的基于自治的契约理论的贡献和局限。我们展示了为什么弗里德的契约性自治方法行不通，以及为什么后续从承诺理论到转让理论的所有基于权利的说法都没有更好的表现。尽管如此，我们认为，自治被理解为自决仍然

16

---

* 民事结合（civil union），又称"公民结合"或"民众结合"，是用于表达类似婚姻这种民事状态的观点之一，通常它的目的是为同性恋伴侣提供与异性恋伴侣相同的权利。——译者注

是契约的最终价值所在。这里的大部分工作是繁重的法律知识——我们力求简洁，同时试图提供足够的细节来说服专家们。

第二部分探讨了人们从缔约中谋求的主要利益。通常，人们不会为了变得更自由而缔约，尽管自治确实是一个重要的附带约束。正如我们所定义的那样，契约的主要利益是效用和共同体。我们展示了为什么这两种利益都不能单独作为契约的最终价值，而两者对于该领域的任何完整理论来说又都是必不可少的。

第三部分阐述了选择理论，并展示了合同法如何发挥积极、主动且先前未被充分认识的自治增强的作用。我们首先对契约的自治提出了一个更加量身定制的观点，并展示了自治的价值如何与效用和共同体相关联。冲突的价值是最严峻的挑战，我们展示了如何解决它们。然后，我们阐明了这些价值是如何与契约领域及类型相关联的——在此过程中完善了选择理论，回答了它引起的潜在的反对意见，并展示了它如何解决许多理论难题。

我们的结论概述了选择理论必须面对的一些挑战，以及随着我们超越威利斯顿和弗里德而引起的研究议程。选择理论表明，合同法关乎自由，甚至比之前所理解的还紧密。

＊ ＊ ＊

选择理论有几个优点。它提供了一种贯穿于合同法的规范上有吸引力的自由观。它提供了首个对核心契约价值及它们相互关系的概念上连贯的阐述。最后，选择理论为改革指明了方向，使合同法更接近广泛认同的自由主义理想。

第一部分

作为契约价值的自治

第1章
自治的挑战

注意事项与一些经验教训要点

第一部分转向了哲学层面错综复杂的领域。它可能会让人觉得有点"手足无措"。尽管如此，正确理解这一论点非常重要。但是这个风险很大。当今的自由主义契约理论家提倡影响深远的理论改革，主要基于源自其哲学基础的演绎和推理。如果基础工作没有打牢——正如我们所展示的那样，它没有做到——那么他们对特定法律改革的提倡就会变得毫无根据了。

在做这个论证时，我们试图达到一种微妙的平衡。我们力求简洁透明，以免耗尽普通读者的耐心，同时我们也认识到，我们在这里的论述对于自由主义契约理论专家来说可能不够复杂精细。在本书的大部分内容中，我们将文本注释保持在最低限度，但在这里，我们对其进行了某种程度的放纵，从而公平地尊重自由主义契约理论家的内部关切。此外，我们使用了我们所讨论的许多理论家的多个引述以获得精确性，但可能会损失一些可读性。第一部分在某种程度上可以被理解为哲学的舞台布景。

对于那些倾向于沿着我们的积极理论继续前进的人来说，

第一部分的经验教训要点可以被简要陈述为：

第 1 章以查尔斯·弗里德的《契约即承诺》为开端，并评估了其在所有现代自由主义契约论述中的中心作用。[1] 弗里德的作品重新引发了关于自治与契约关系的辩论。这是一项经久不衰的贡献。但他未能解决核心的规范困境，即如何证成国家对契约的强制。国家强制似乎与他所定义的个人自治背道而驰。

第 2 章接着考察了后续那些努力完善和恢复弗里德论述的自由主义学者。他们竭力为合同法研制一个基于权利的基础，而不依赖于合同法对增强个人自治的贡献。用哲学术语来说，他们的目标是对契约性义务的义务论式论述，而清除任何目的论的基础。我们通过考察当代的"承诺理论"，特别是西纳·希弗林（Seana Shiffrin）的作品来说明这种趋势——该理论附有广泛的改良主义主张及隐蔽的局限性。我们展示了承诺理论巧妙地建立在"转让理论"之上，只要转让理论成立，其就没有问题。但它真的成立吗？

第 3 章考察了转让理论。经过三十年的不懈努力，我们现在可以说，转让理论未能弥合对弗里德成果批评所揭示的鸿沟。转让理论以及引申开来的承诺理论，都无法证成国家对契约性义务的强迫。换言之，合同法的义务论式自由主义证成均未能完成其中心任务。因此，这些理论不能被用来证成他们广泛的法律改革提案——它们不能充当对契约效率分析师所制定的雄心勃勃改革计划有说服力的抗衡力量。

我们在第 4 章中完善了这一部分，解释了为什么我们不会——也绝不能——放弃作为契约基础的自治，即使现有自由主义理论未达成其期望目标。如果我们接受一种作为其（目的论）基础的温和的自治概念，即自决，也就是说，如果我们将契约理论回归到它的主流自由主义根源，那么自由主义契约理论仍然是可能的和有吸引力的。

弗里德的贡献

现代自由主义契约理论始于查尔斯·弗里德的《契约即承诺》，这是一部尽管有缺陷但很伟大的作品。该书的首个也是最持久的贡献是对几代理论家的观点进行了反驳——从 20 世纪 30 年代的朗·富勒（Lon Fuller）和威廉·珀杜（William Perdue）到 20 世纪 70 年代的格兰特·吉尔摩（Grant Gilmore）和帕特里克·阿蒂亚（Patrick Atiyah）[2]——他们试图使契约作为一个不同的分析类别消失。更确切地说，他们试图将契约纳入侵权行为和赔偿的范畴。

当这些批评家已经宣布《契约之死》(The Death of Contract) 时，弗里德以康德式的个人自治观念为基础，为继续将契约视为一个不同研究领域而提供了一个强有力的道德正当性论证。[3] 正如他解释的那样，契约通过赋予人们招募其他人参与其计划的能力来增强个人自治。用他的话说，承诺“交于他人手中一种新力量，仅通过道德力量来实现其意志：他之前试图独自去做的事情，现在他可能期望在我们承诺的帮助下完成”。[4] 弗里德的这种直截了当的直觉是合理且强有力的。[5]

《契约即承诺》一书中的第一句话就提出了其主要观点，弗里德称之为“承诺原则”。他将其定义为“一种原则，即根

21

据这一原则，人们可以将之前不存在的义务施加给自己"。弗里德进一步说道，这是"合同法的道德基础"。[6]

弗里德的论点相当复杂。要想了解他流畅的丰富论述，我们不妨读一读书的第 1 章。在此，我们只是重申了对我们后续批评而言必要的部分。总之，他认为，信守承诺的道德性是建立在承诺所引发的关于承诺人未来行动的信任之上的。[7]反过来，信任又是通过参照承诺的社会惯例来证成的。

弗里德解释说，从长远来看，承诺的社会惯例通过扩大我们的选择来增加我们的自治。承诺使我们能够实现只有与他人合作才能实现的目标，正如他所写的那样：

> 为了使我尽可能地自由，为了使我的意志与他人的相似意志有最大范围的一致，就必须有一种方式让我能够作出承诺。（因此），承诺所涉及的限制，只是为了从长远来看增加一个人的选择，因此完全符合自治原则。[8]

最近，他抓住了这点，指出承诺"是一种道德发明：……它允许人们在之前没有义务的地方创造义务，从而为自由个体提供便利，使其通过招募其他自由人的可靠合作来扩大他们的影响范围"。[9]到目前为止，一切顺利。

但是，为什么国家在被承诺人不存在信赖损害的情况下强制履行承诺是正当的呢？为什么自由个体不能在不承担法律责任的情况下改变主意？弗里德认识到弥合承诺的道德价值与国家对契约的强迫使用之间的缝隙是困难的：信任承诺所产生的社会价值并不能"说明为什么我不应该在特定情况下利用它而未能遵守承诺"[10]。

尽管如此，弗里德继续指出，个人信守承诺的义务是建立在"尊重个人自治和信任"的基础上的。[11] 承诺人有意援引一种惯例，其作用是"为他人提供理由——道德理由——去期望被承诺的履行"[12]。因此，违背承诺就是滥用信任，从而滥用被承诺人的弱势性，而这两者都是承诺人直接招致的；在弗里德看来，这相当于对另一个人的非法剥削。

弗里德将其论述作为对契约的功利主义理解的对立面。鉴于功利主义者强调执行契约的普遍重要性，而"义务道德主义者"将承诺视为"自由、有道德的个人在相互信任的前提下形成的一种手段，并从这个前提中聚集了它的道德力量"[13]。因此，"义务道德主义者……假定了遵守承诺的一般义务，其中契约义务只是一个特例。"[14] 然而，"由于契约首先是一种承诺，那么因为承诺必须被遵守，所以契约必须被遵守。"[15]

这就是弗里德本身对契约道德性的证成。这是一大步——认为自治尽管是康德式的，但却是契约的基础。弗里德的论点使契约理论重新焕发活力。他为许多回应打开了大门，但我们无意总结它们全部。

但有两个回应——或者说两种挑战——对我们的研究目的来说很重要：一个是质疑滥用信任的正当性；另一个是质疑信守承诺的道德性与承诺和契约的实践的相关性。

内部挑战

第一个挑战是内部挑战。它最有力地来自康德契约理论家，它们在与弗里德相同的哲学传统中运作。与弗里德相反，他们认为，不滥用某人信任的道德义务并不能证成不滥用某人信任的法律义务，因为"让承诺人为目前后悔的承诺负责"意味着人们有义务促成这种"利益形式"。[16]

正如彼得·本森（Peter Benson）所写，"如果每个人都觉得可以自由地违反契约"，那么可能很不幸的是契约实践将崩溃，但这种可能的后果并不能"确立个人在特定情况下遵守契约的义务"[17]。因此，"用康德的观点来说，弗里德所表明的只是承诺人的履行义务是一种道德义务，而不是一种司法上的权利的义务。"[18] 换言之，滥用被承诺人的信任可能在道德上是有问题的，但如果没有信赖损害，这种道德缺陷就不应引起法律责任。

此外，弗里德的观点认为，从长远来看，契约促进了人们的选择（与它们的效用不同），但这并不能使"最大个人自由"成为一种个人可以被迫为之服务的"一般优势"形式更具正当性，[19] 出于同样的原因，"基于受契约约束的个人希望缔约"[20]来证成契约——因为承诺人自愿采取这种做法而要求他们承担义务——是行不通的。本森认为，其原因在于，从义务论角度来看，依赖于人们偶然选择的契约理论并不能提供"客观有效的立场"来解释为什么"当前的选择表达应该优于未来的选择"[21]。简而言之，如果"没有理由认为不履行损害了属于被承诺人的任何东西"，那么"就没有理由得出结论，认为承诺人应被要求交出与被承诺履行等同的事物作为补偿"[22]。

乔迪·克劳斯（Jody Kraus）在支持弗里德时提出，在他的论述中，事前视角的作用仅限于影响当事人预期的背景惯例，因此其与仅仅"维护当事人先前存在权利"的义务认同相一致。[23] 但这一点仍然无法解释为什么这些预期需要被强制执行。实际上，克劳斯将问题推回了一个层次，但没有改变或解决它。

内部挑战表明，从弗里德所援引的康德式基于权利的自由立场出发，合同法可能会妨碍个人自治，而这与弗里德的意图恰恰相反。弗里德试图依靠维持社会习俗的重要性来规避这一挑战，但这并不是基于权利的论证，而是基于结果主义（或目的论）的论证。这并不是说目的论的基于自治的契约论述有什么问题——我们的理论从一开始就是这样建立的。但对于义务论方法而言，此举却是致命的。

外部挑战

第二个挑战是外部挑战。它不是来自康德主义的批评者，而是来自理论分歧的另一边。理查德·克拉斯韦尔是一位法经济学家，他认为，由于信守承诺依赖于一种有可塑性或有延展性的社会惯例——一种不需要采取任何特定形式或具有任何特定内容的社会惯例——它（几乎）与合同法无关。

承诺惯例规定，允诺人应履行其所使用的明示语言与法律背景规则相结合所规定的义务，而这些法律背景规则"详细说明了（她）必须忠实于什么，或（她）先前的承诺被视为是什么"[24]。因此，信守承诺的价值"不能指导法律制度决定首先采取哪些背景规则"。[25]

信守承诺确实要求被承诺的行为过程"在某种程度上是

非可选择的"。[26] 但信守承诺并不规定任何特定程度的非可选择性，这意味着——除了使履行完全具有选择性的合同法规则外——信守承诺的价值相对于任何可能的此类背景规则而言都是中立的。[27]

因此，正如克拉斯韦尔断言的那样，底线是，承诺原则与"合同法中那些管理违约适当救济的（大量）部分、承诺人免于履行义务的条件，或作为其承诺的隐含部分而归给承诺人的其他义务（如默示保证）""有很少或没有关联"。[28]

克拉斯韦尔的无关性论点对弗里德等理论家来说尤其具有挑战性，他们坚持认为对信守承诺道德性的要求和契约的功利主义理解之间存在着尖锐的分歧。为什么呢？因为无关性论点展示了承诺的道德性是如何发挥作用以启动功利主义规定的。

作为基于自治的契约理论的支持者，正如克劳斯所解释的那样，"证成法律执行遵守承诺的道德义务"要求法律"关注承诺人的自愿选择，不仅要确定他们的承诺性义务，还要确定他们的救济性道德义务"。[29] 克劳斯继续指出，尊重"个人承担他们认为适当的道德义务的积极自由"意味着在这一推理思路中，采用"多数主义的默认条款"，以避免不必要地增加"行使作出承诺的个人自由的成本"。[30]

同样，康德式契约自治也搁浅了：个人需要合同法来确定他们的道德义务，但是承诺的道德性与塑造合同法的大部分内容无关。那么，是什么证成了合同法？以及它又该被如何设计？

* * *

　　弗里德率先提出：自治对契约至关重要。但他的论点停滞不前。他未能提出一种基于权而清除了隐蔽的结果主义行为的契约性自由的论述。他也未能证成任何特定的改革计划。在过去的三十年里，回答弗里德面对的这两个挑战一直困扰着自由主义契约理论家——一方面来自康德主义者，另一方面来自效率理论家。他们已经取得了一些进展，但正如我们接下来要展示的那样，他们还未能解决贯穿契约的自由这一明显难题。

第 2 章
承诺理论

承诺理论的风险

当代的承诺理论试图弥合弗里德留下的正当性鸿沟。最近的作品有几种风格。在本章中，为了使我们的讨论更加具体，我们将通过对西纳·希弗林学术成果的仔细研读来阐明承诺理论的主张。虽然她的论述可以说是迄今为止最有影响力的版本，但其他的领先的契约理论家的作品，如戴维·欧文斯（David Owens）或丹尼尔·马科维茨（Daniel Markovits），同样也可以很好地阐明我们更广泛的观点，因此我们也参考了他们的论点。

承诺理论家并没有明确地将他们的论述作为对弗里德论述的修正，但我们相信这样解读它们具有启发意义。特别是，我们展示了当代承诺理论是如何试图解决我们在第 1 章中概述的弗里德所面临的两个挑战的。这种解读凸显了当代承诺理论与弗里德理论的连续性以及其创新举措——并且它为评估希弗林发起的对合同法的有力批判提供了基础。

本章展示了承诺理论是如何运作的，以及为什么它天然地依赖于并趋同于转让理论——我们在第 3 章中讨论的后弗里德

时代基于权利的理论的一个主要分支——该理论声称，缔约将
承诺人未来决策权中的权利转让给了被承诺人。我们并不断言
承诺理论不可避免地会趋同于转让理论。但我们表明，这是一
条最合适的路径——一条得益于杰出的康德主义渊源的路
径——对于那些决心摒弃弗里德论述中目的论基础，并重塑信
守承诺在合同法中的坚实基础性作用的理论家而言。

通过隐蔽地搭载转让理论，承诺理论似乎能够取得很多成
就。它可以解释创造义务的权力，限制这些义务的内容，限定
可能证成不遵守的理由，并安排及系统呈现违约的后果。但这
种看似的成功却是昙花一现的：我们的下一章将探讨转让理
论，并解释为什么它注定会失败——并因此解释为什么承诺理
论也会失败。

承诺的道德性

与弗里德一样，希弗林将承诺——从而也是契约——建立
在自治之上。但弗里德将信守承诺的道德性建立在承诺引发的
关于承诺人未来行动的信任上，而希弗林则采取了不同的
策略。

首先，她将"承诺的道德结构"分析为"决策权的转
让"[1]，从而将违约概念化为转变（conversion）。回想一下，弗
里德依赖的是信任而非转让。其次，希弗林认为——与其他普
通的惯例不同——如果我们尊重人们的自治，承诺就是我们有
义务遵守的惯例。相比之下，弗里德似乎将承诺描述为一种惯
例的简化物（尽管他确定地赞美了它的优点）。希弗林写道：

对于像我们这样的代理人来说，我们的具象化和发展必然涉及与他人的依赖、相互依存以及相互丰富关系，假设自治权利必须被以这样一种鲜明的个人主义方式来理解，以至于它不包括成为全权代理和帮助他人成为能够以道德上尊敬的和被赋权的方式认可以及被他人认可的全权代理所必需的权力，这似乎是难以置信的。[2]

用更贴合希弗林本人的表述风格来阐释其观点，她写道，尊重承诺是强制性的，因为"自主生活需要参与与他人的有意义的道德关系的机会"，而这反过来又"取决于代理人有能力作出有约束力的承诺"，因此"自治权必须包含作出有约束力承诺的权力"。[3]因此——这也是她的关键点——"有义务建立一个承诺惯例"，这意味着"（承诺的）惯例的存在（不是）可选的，其内部结构根据它被置于的道德目的而（受到）明显限制"[4]。

她认为，接受这些完善既为谴责不遵守承诺（或违反契约）提供了道德（基于自治的）根据，同时也意味着从这种谴责中随之产生了一系列相当有力的法律改革措施。

承诺与转让

在希弗林看来，要使承诺在这些思路上服务于自治，需要采取一种非常特定的形式：转让形式。她写道，承诺创造了"对 A（承诺人）的道德义务，以及 B（被承诺人）坚持或免除 A 履行的权力"[5]。她继续说道，"因为作出承诺背后的力量……涉及将一方改变主意的权力转让给另一方"[6]，它排除了"情境中可能的破坏性潜能"的发展，并"努力消除情境危险的各方面并恢复 A 和 B 在局部领域的平等地位"[7]。

权力（authority）的二元转让对希弗林来说也很重要，因为它将违背承诺与其他滥用信任的行为区分开来。（这是希弗林对第 1 章中本森对弗里德的"内部挑战"的含蓄回应。——作者注）她指出："被承诺人必须等待，看承诺人是会以道德代理人的身份行事还是违反信任。"[8] 但希弗林认为，"在这一方面——即在许多情况下，人是义务的客体——并不是承诺性义务及其关系相关的地位和权力的独特之处。成为被承诺人并不是一种完全被动的状态；被承诺人正式行使承诺人让渡的权力。"[9] 事实上，希弗林的"承诺能力的概念……是指承诺人有能力为另一方转让一项基于某些原因决定行事的权利"，这种能力是人们"必须具备的……如果他们想要有能力实施道德品质足够好的关系"[10]。

简言之，对于希弗林来说，权力的二元转让解释了承诺的"约束力"以及违背承诺的不法性："通过承诺 φ，承诺人将他或她以其他方式行事的权利转让给了被承诺人。那么，对于非 φ 来说，就是以承诺人无权做的方式行事，而 φ 就是以被承诺人有权行事的方式行事，而其（承诺人）有权这样做。"[11]

我们用希弗林复杂的论证提出一个相当直截了当的观点：承诺理论依赖于转让。需要注意的是，在这个关键方面上，希弗林并非特立独行。戴维·欧文斯可能是提出承诺转让论述的首位当代哲学家，该理论建立在他所谓的被承诺人的"权力利益"之上，即"被承诺人对承诺人的行为拥有权力的利益"[12]。（事实上，希弗林的论述可以被解读为试图解释和证成这种利益。[13]）丹尼尔·马科维茨最近提出了另一种承诺理论，旨在提供一种替代性的、尽管与此相关的合理解释。他声称，"在承诺的范围内，承诺人不仅要适应而且要遵从她的被承诺人，授予他对她的权力，并事实上使她的目的从属于他的意志。"[14]

28

有趣的是，当他们援引转让概念时，欧文斯和马科维茨——而非希弗林——都引用了康德关于契约的观点，即被承诺人"占有"了承诺人的"选择权"。[15] 我们将在第 3 章详细分析的现代契约转让理论直接建立在这一康德主义立场之上。

规范影响

为什么这一切很重要？回到希弗林，她基于自治的承诺转让理论可能会产生实际效果。按照这种思路来理解承诺，她打算表明"传统主义观点摆脱了其与可能性以及全面可塑性的联系"[16]，正如克拉斯韦尔在第 1 章中的"外部挑战"所暗示的那样。相反，"它变成了一种关于我们彼此有义务创造和维护的一系列实践的观点。"[17] 具体而言，它意味着"鉴于这种转让，被承诺人有权期望（而且往往要求）履行，并有相伴的权力去使用她被转让的权力或决定放弃或免除承诺人的履行义务"[18]。

因此，希弗林坚持认为，信守承诺的道德性并不仅仅是为合同法设定了一个限制性原则，就像克劳斯（和克拉斯韦尔）那样。相反，它提供了契约的规范性支柱：在希弗林看来，信守承诺是合同法的能动原则，应当指导对这一庞大教义体系的解释和进一步发展。[19]

事实上，希弗林认为，信守承诺的道德性的规范牙齿是相当尖锐的。虽然"契约的法律原则将法律义务与道德上具有约束力的承诺联系起来，但法律义务的内容及其违约的法律意义和道德义务及其违约的道德意义并不相符"[20]。希弗林称，这种差距令人担忧，这既是因为其本身的原因，也是由于——鉴于契约与承诺之间的"强烈相似性"——合同法对侵犯行为（transgressions）的过度宽容处理很可能"随着时间的推移，对道德代理人看待单方承诺的严肃程度以及看待承诺性违约的随意程度产生微妙的影响"[21]。

为了防止这种因信守承诺而带来的不愉快后果，核心契约理论——例如那些涉及对价、可预见性、减损、特定履行、违约金和惩罚性赔偿的理论——必须从根本上被改革。在希弗林看来，契约责任必须更广泛、更严格，也就是说，要比目前受到更少的限制，并得到更严厉的救济方法的支持。这是一个重大的主张。

承诺理论改革的转让理论根源

这一广泛改革计划的正当性直接依赖于承诺理论的转让理论基础。两者密不可分。根据希弗林的论述，转让通常意味着"承诺人在道德上被希望通过履行来信守其承诺"[23]，而这一义务也适用于"没有收到任何交换的单方承诺"，即使被承诺人没有"合理依赖至其受损"。[24] 只有"由于充分的理由，所承诺的事情变得不可能或非常难以履行"时，金融替代品才可能是适当的。[25] "否则，故意的，甚至往往是疏忽的而未能适当地履行义务的行为，会引起道德上的非难。"[26] 因此，如果承诺必然发挥权力转让的功能，那么只有通过"被承诺人的同意"，而不能通过提供"与被承诺的金融上相等的东西"，才能满足承诺性道德。[27]

根据这种论述，当违约发生时，承诺理论的转让部分意味着合同法不能证成"减损的法律原则，其将重担置于被承诺人身上，要求其作出积极努力寻找替代提供者，而不是推定将该负担完全放在违约的承诺人身上"[28]。而且，由于故意违反承诺被归类为错误，它要求的不是赔偿，而是特定履行，而且还可能受到"惩罚性回应"。同样，这种方法与实际的合同法截然不同，实际合同法"通常禁止惩罚性赔偿"。[29]

与克劳斯不同，希弗林并没有被多数主义默认逻辑对什么可能构成违约以及什么应该是适当补救回应的影响所打动。她写道，"我怀疑"，"一方可能通过声明或协议来改变一个被违背的承诺的道德意义。"[30] 其原因在于，"改变他人对违背义务的反应的意义和适当性的权力不属于承诺人的权力。"[31] 与任何其他错误一样，在回应他人的违约时，"我们有选择性的权力来宽恕，但除其他事项外，宽恕涉及承认过去的错误，而不是使错误从未成为错误的权力。"[32]

因此，对于希弗林来说，契约是承诺的一个种类，承诺因转让而具有强制性，而契约即承诺即转让的道德性要求从根本上重建合同法。

关于承诺哲学的题外话

30

本章主要是针对自由主义合同学者的，旨在解释为什么最近的承诺理论并不比弗里德的原始贡献更好。在接下来的两页中，我们将简要介绍道德哲学家。

自由主义契约理论的问题不仅仅在于它们对承诺理论的依赖。自由主义承诺理论也存在问题——选择理论在这方面也能提供帮助。为了本章的目的，我们接受了契约与承诺共享相同的概念结构这一假设是正确的。但这一观点并非不言而喻的。

有些人认为，由于其典型的非正式设定，承诺必然具有一种简单的二元结构。[33] 事实上，与合同法案例中讨论的协议的巨大异质性相反，关于承诺的哲学文献通常建立在非正式场景中提供的有限的自愿义务类型的简单假设之上，并以此开展工作。鉴于这种差异，承诺的简单二元结构不必必然限制于其他可能更适合复杂安排的场景。[34]

我们甚至采取了更激进的观点，并拒绝存在单一二元承诺类型的观念。承诺类型与契约类型一样都是多相的。在关于承诺的文献中没有任何内容表明，更不用说确立一种特定的承诺类型（如果你愿意的话，它是威利斯顿的商务合同的表亲）比其他承诺类型更基本。承诺的实践往往体现在权力转让之外的其他语境中，而形式的多样性是承诺实践增强自治贡献的一部分，而不是被边缘化或被压制的附加物或瑕疵。因此，承诺不需要，并且事实上也不总是遵循转让的二元逻辑，尽管普遍的哲学共识确实那样认为。[35]

是的，承诺的实践往往体现在权力二元转让的语境中。但是，承诺（除缔约外）也会出现在以下情况中：首先，承诺的目的是转移未来的风险和机遇；其次，承诺的目的是为未来突发事件的共同治理建立一个结构。这些承诺类别背离了希弗林等人提出的必要的二元结构，但并未引起他们所担心的"危险"或"破坏性潜能"。[36] 人们作出这类承诺是为了实现从承诺中可能获得的功利主义和社群主义的利益，也就是说，他们作出承诺的原因与他们缔约的原因相同（正如我们在第二部分中所讨论的那样）。

我们注意到这一共同点是为了提出一个更重要的观点：虽然大多数自由主义契约理论都是从哲学到法律进行推理，但反过来也可以是富有成效的。事实上，选择理论可以重构承诺理论，使其更具凝聚力。因此，希弗林已经承认承诺与契约在概念性结构上存在一些差异（尽管她作品的主旨确实坚持了契约是承诺种类的观点）。例如，与大多数契约不同（除人身合同外），她认可"承诺不是简单的可转让的"。[37] 此外，在讨论"冗余"承诺时，她强调了承诺类型之间差异的多种维度——甚至更重要的是——她表明某些承诺类型意味着决策权的部分转让。[38] 最后这种观点与先前提到的她对二元转让形式的坚持不同，[39] 并因此可论证地认同承诺包含我们上文提到的风险转移和共同治理承诺类型。

以这种方式重构希弗林的观点，可以使她的作品免受我们对转让理论的大部分批评。但以这种承认内在资格和条件的开放式方式理解承诺是有代价的。这将使承诺即转让理论——以及契约即承诺即转让理论——与弗里德的表述一样具有可塑性，并因此会破坏她回应克拉斯韦尔的"外部挑战"的尝试。

要解决这个问题，就需要一个针对承诺类型的规范框架。这种对承诺本身的道德哲学重建是选择理论所能提供的——但非本书范围之内。为什么呢？解决关于承诺概念结构的争论对于我们当前的目的来说是不必要的——我们当前的目的是要找到一个有吸引力的解释来说明为什么自治对契约很重要。

如果我们是正确的——承诺类型就可以像契约类型一样多相——那么，对遵守承诺的道德性的反叛依理解就与契约理论无关了。更确切地说，每种承诺类型，就像每种契约类型一样，都必须根据其特定的规范关切进行分析。没有哪种承诺类型具有支配他人或塑造整个契约所必需的道德至上性。因此，我们没有理由赞同希弗林的担忧，即实际的合同法——伴有其减损规则、预期损害赔偿等规则——会侵蚀信守承诺的道德性，因为这种道德性已经根据承诺类型的不同而有所不同。

另一方面，即使我们在这些初步反思中存在错误——即便承诺确实有必要按照转让理论所规定的二元观点来构建——由于转让理论的失败，契约的承诺理论也注定要崩溃，我们将在第 3 章中论述这一观点。

这一切在某种程度上都是技术性的。关键在于，虽然承诺理论的目标很高，但它依赖于不稳固的基础之上——正如事实证明的那样，无论是在规范/法律契约方面，还是在道德/哲学承诺方面。

32

* * *

承诺理论提出了影响力不小的主张。与弗里德一样，希弗林也认为，信守承诺的道德性是而且应该是契约的终极正当性，并应因此以大大小小的方式指导其解释和改革。

但是，为了让承诺理论家的观点坚持下去，他们就必须回答我们所说的潜在的结果主义的内部挑战以及法律无关性的外部挑战。当弗里德从滥用信任的角度分析违约时，他在前者范围内搁浅了。当希弗林和其他承诺理论家在避免援引信任来解释违背承诺的错误时，他们向前迈出了一步。

然后，为了避免法律无关性挑战，他们试图用二元观点重构承诺。因此，他们反复地将"承诺的道德结构"（明示或隐含地）分析为"决策权的转让"。[40] 这一特征在很大程度上没有被评论者们注意到，[41] 但其意义重大，因为它表明，他们对承诺理论的重构的论述是转让理论的一种样式——一个全面而有力的版本。事实上，希弗林最近已将自己认定为转让理论家。[42]

虽然在传统上，承诺理论被分析为有别于转让理论，[43] 当代的"契约即承诺"的拥护者也几乎没有关注过转让理论，但这些新理论的成功与否事实证明取决于契约转让理论的有效性。如果转让理论失效，那么承诺理论也会失效。

第3章
转让理论

在弗里德之后，核心问题仍然是：什么证成了对承诺人的法律强制？答案是转让。当今基于权利的自由主义论述都有一个共同的关键要素：契约转让了某种东西，某种"东西"。

转让是对弗里德困境的康德式解决方案。这种观点认为，法律可以正当地执行契约——包括待履行契约——因为契约本身，正如本森所说，已经将"受法律保护的利益"从承诺人转让给了被承诺人。[1]这意味着"履行尊重了这些权利，而违反则损害了它们"[2]，这反过来又意味着这种转让证成了国家纠正这种错误的干预。[3]

如果这一理论行之有效，那么就是这种转让在基于权利的理由上证成了国家强制，完全脱离了维护信任或增强自治等的结果主义关切。这不仅是本森的核心举措，我们在第1章中提出了他对弗里德的"内部挑战"，这同样也是我们在第2章中讨论的承诺理论家以及我们在此研究的所有其他"转让理论家"[4]的核心举措。

契约转让了什么？

现在，我们可以先不谈承诺理论家了。虽然他们依赖于转让理论——没有转让理论，承诺理论就会崩溃——但没有人深入研究转让点是否合理。转让理论家正面解决了这个问题。他们面临的挑战是解释契约究竟转让了什么以及他们是如何转让的。虽然转让理论家们在细微差别上各不相同，[5] 但核心观点是相同的。

阿瑟·里普斯坦（Arthur Ripstein）是该团体中最严谨的新康德主义者，他恰当地捕捉到了其转让的一般取向。在里普斯坦看来，契约是"人们被授权去为其自己作出安排，从而改变他们各自权利和义务的法律手段"[6]。他对契约分析的出发点——就像他的一般法学理论的前提一样——是个人的个人独立权。康德式的个人独立并不是一种值得提倡的利益，而是对他人行为的约束，而其因没有人可以告诉其他任何人去追求什么目的的要求而被耗尽。[7] 在此背景下，契约通过使自由人"相互依赖地设定和追求他们自己的目的"而获得其意义。[8]

要使契约具有约束力，双方必须参与创造一种转让权利的新关系：只有当双方都利用他们"各自的道德力量"时，这种转让的实施才符合他们"各自的自由"。[9] 这种解释中，同意被概念化为"两个人结合他们的意志，以在他们之间创造新的权利和义务"，从而使"彼此都能获得新手段"。[10] 与任何一方当事人自己的意志不同，[11] 统一的意志可以证成先前存在的权利的转让；它还可以"创造新权利，包括对在转让之前不必作为完全确定存在的事物的权利"[12]。（请注意，在这一点上，里普斯坦扩展了转让的概念，从而含蓄地回应了——或者说是先发制人——对转让理论发起的一些批评。[13]）

里普斯坦的推理很复杂，[14] 但他的核心观点很简单：每个个人都从个人独立的立场出发，然后，通过基于统一意志的交易，被承诺人获得强制承诺人的未来履行的权利。"通过将你的意志与另一个人的意志就某一特定交易统一起来，你可以赋予那个人对你的人身和财产的权力，以一种与你决定如何使用这些权力的专属权力相一致的方式进行。"[15]

三个共同特征

对里普斯坦论述的这一简短总结几乎没有触及他作品的复杂性和严谨性。它也无法让我们将其与其他领先转让理论家的论述进行比较。但它确实足以满足我们的目的，即有助于揭示转让理论的三个典型特征：

1. 概念性观点。正如刚才提到的，转让理论家致力于这样一种概念性观点，即缔约行为将一种权利转让给被承诺人（要么是在缔约前就存在的权利，[16] 要么是契约本身创造的权利）。这一点是他们主张违约必须被理解为"对被承诺人在契约订立时获得的所有权利益的干涉"的基础，也正因此法律在严格遵守当事人的康德式独立性的基础上纠正了这种损害。[17]

2. 理论影响。接下来，转让理论家们至少在一个重要的理论观点上趋于一致，即合同法应当关注对当事人心理状态的客观处理。在这一点上，他们背离了弗里德的论述，并在此基础上有所完善。这一教义观点确实遵循了一种基于个人独立以及你我之间明确界限的理论，在里普斯坦的论述中是隐含的，[18] 但在其他人的论述中则是明确出现的。例如，兰迪·巴

35

内特（Randy Barnett）明确提到了这一点，[19] 他批评弗里德依赖于"对承诺人在达成协议时的实际心态的调查"——这与实际主导现行合同法的客观理论截然不同。[20]

巴内特利用这个理论契合性问题来断言弗里德论述中的更深层次缺陷：其对"合同法的相互关系功能"的关注不足，而在巴内特看来，这既解释也证成了法律使用"受法律约束的明显意图"作为"可执行性标准"。[21] 简要来说，在巴内特看来，"只有普遍依赖客观上可确定的非语言示意行为，才能使权利制度发挥其被分配的边界定义功能。"[22] 他认为，这一认同解释并证成了为什么"客观同意通常优先于主观同意"。[23]

在巴内特的理论观点以及他的积极论述之间有许多步骤。我们在此省略这些步骤，提及他的作品主要是为了指出，他的作品反映了转让理论家在支持契约理论的客观方法方面的一致观点，我们很快就会回到这一点。

3. 规范关切。转让理论家之间最后也是最重要的共同点是关于对自由意味着个人独立（independence）而非自治（或自决）这一观点的共同规范认同——至少在某种程度上契约是这样。因此，在巴内特看来，契约理论的功能是明确设定"受保护领域的界限"[24]，这意味着它应该"明确参与转让权利的个人的权利，从而表明物理力量或法律力量何时能被合法地使用"[25]。

这种观点认为，合同法是"权利制度的一部分，它确定了那些经他们同意后，权利从一个人有效地转让给另一个人的情况"[26]。而且同意之所以至关重要，是因为只有要求"他人在谋求获得她所拥有的权利时考虑权利持有人的利益"，合同法才能恰当地"促进人类行动和互动的自由"[27]。

事实上，同意对于巴内特的论述是如此重要，以至于他创造了"同意理论"来描述他的方法。对巴内特来说，明确边界的意义产生于他对早期诺齐克个人独立观点（康德主义思想中占主导地位的现代自由主义流派）的认同，在这种观点中，个人权利需要明确的"界限，在这种界限中，个人可以不受他人强行干涉地生活、行动和追求幸福"[28]。

巴内特的自由主义论证在里普斯坦对个人的个人独立权的康德式认同中找到了很好的共鸣。虽然路径不同，但他们合同法领域的规范观点在很大程度上是趋同的（然而，里普斯坦渴望通过例如捍卫反歧视规则，来将自己与诺齐克区分开来）。[29] 两者都意味着合同法的唯一必要作用——对巴内特来说，也是唯一正当的作用——就是执行双方共同同意的交易。

总之，转让理论沿着三个维度趋于一致。我们同意关于合同法客观基础的理论观点。这一观点已被广泛接受，[30]并且我们赞同这一点的原因也将在下文中阐明。我们的批评集中于转让理论的另外两个共同特征，即其概念主张和规范主张。

契约与财产

转让理论的概念性主张在两个方面是失败的。首先，契约不是财产。所有的转让解释都将契约建立在所有权的基础上，要么是某人未来行为的预先存在的所有权，要么是缔约当事人在此类履行中创造的权利的所有权。它们假定了我们对这些权利的"唯一和专制支配"[31]，而且——至关重要的是——这些权利（即契约）的转让必然需要采取将承诺人未来行动的权利完全转让给被承诺人的形式。然而，这种假设只是将契约的道德基础埋葬在对财产的天真看法中。

无论是可转让性的范围，还是其在所有人权利范围内的包含内容，都不是自定义的。所有权（和财产）对相互竞争的解释和排列是开放的。这一概念没有必然的内容——即使是布莱克斯通（Blackstone）也从未有过简单的布莱克斯通式的所有权构想[32]——并且如果不预先认同某些规范工具，就不可能在不同的可用概念间进行公断。[33]

正如费利克斯·科恩（Felix Cohen）很早以前论证的那样，每项财产权都包含着某种排除他人做某事的权力。但正如科恩已经强调的那样，这是一个相当谦逊的自明之理，几乎没有产生任何实际影响。[34] 私有财产也总是受到限制和义务的制约，"我们必须处理的真正问题是程度问题，这些问题极其复杂，无法用简单的万能方法解决。"[35] 这并不是说财产只是一份具有无限数量的可能排列组合的实质性权利"清单"——但任何连贯的财产规范框架都不能以转让理论所要求的方式来陈述。[36]

因此，转让理论的运作带有一个大星号*。它要求存在一个站得住脚的财产概念，即财产是一种绝对的、无条件的和不受限的（unqualified）权利，而且这种权利还安全地脱离了结果主义关切。新康德主义者确实努力构建了这样一种财产观。但他们失败了，其原因超出了我们这里的讨论范围。[37] 也没有

---

* 大星号（big asterisk），意指"起强调作用"。——译者注

其他任何人在这种思路上提出有说服力的论据。转让理论家们不能无限期地指望一种被承诺的、难以捉摸的、非结果主义财产观的重点。

重申一下，转让理论的关键概念性障碍在于所有权非自我定义。契约可能会转让某种"东西"，但那是什么东西呢？我们对契约中的自治所作出的同样的结果主义选择，恰恰可以追溯到结果主义的关于我们所说的财产中的"物"（thing）是什么意思的争论。[38]通过假设对立面，转让理论依赖于一种令人难以置信的财产观。

这样的举动以前也被尝试过。还记得我们在第 1 章中提到的《契约之死》吗？那本书是信赖理论家将契约同化为侵权行为和赔偿的部分尝试——这一计划促使弗里德主张契约是一种植根于其自身道德性的独特实践。如今，把契约当作财产来分析，并不比在几代人之前把契约同化为侵权行为和赔偿更好。契约需要被理解为一个独特的法律类别。选择理论展示了如何实现这一任务。

义务与权力

转让理论的第二个概念性问题，对于我们当前的目的来说甚至更为重要，即它对合同法本身有问题的理解。与弗里德的契约必须遵守是因为承诺必须遵守的观念相一致，转让理论家的论述要求将契约视为从根本上施加义务。[39]

用这些观点来分析处理我们身体完整性的侵权法理论可能是有意义的——假设人们拥有这种早于法律的和惯例的权利，

侵权法肯定了反对其侵权行为的相关义务。但合同法的运作方式不同。[40] 合同法首要的是赋予权力，而不是维护现有权利。

我们同意，不干涉他人权利的义务与合同法有关，但它们是次要的。关于胁迫、欺诈等规则旨在确保人们不被迫签订契约，确实施加了义务。然而，契约理论的这些义务施加领域依赖于相同的规范认同，该规范认同首先解释并证成了法律对允许人们自我施加义务的支持。[41]

甚至更根本的是，这些保障契约自愿性的附随的（义务施加）规则——在没有（赋予权力的）契约的情况下将毫无意义：它们的作用是保护我们应用契约所赋予的权力的能力，而在一个不承认契约权力的世界里，它们将毫无意义。这正是为什么试图建立一种基于伤害的、施加义务的，且不依附于契约的规范权力的理论注定会失败：他们必要地假设了合理依赖契约的某些观念，而这些观念反过来又只能从这些相同规范权力的角度来理解。[42]（同样的推理也适用于正确但微不足道的观点，即合同法是事后施加义务的，当承诺人质疑她是否受承诺约束时，该义务完全是契约赋予权力的核心的衍生物。）

作为一个赋予权力的法律体系，合同法"对某些行为附加法律后果"以"'使人们能够以这种方式影响规范及其适用，如果他们愿意为此目的这样做的话'"。[43] 这一特征体现了弗里德所指出的以及克劳斯后来所强调的契约的赋权作用。正如克劳斯所解释的那样，契约是"追求目的的一种特别有价值的手段"，因为通过承认人们承担义务的能力，它允许个人提供可信的保证"以诱使被承诺人协助他们实现其目的"。[44]

客观的契约理论是否破坏了我们关于契约的权力赋予性质

的概念性观点？我们认为没有。根据格雷戈里·克拉斯（Gregory Klass）的说法，潜在的困难是：纯粹的权力赋予理论应该被设计为"确保一个人的行为只有在其目标是实现这种变化时才能导致法律变化"，而合同法只是"确保相当比例的行为人……很可能有这样的目的"[45]。

客观的契约理论未能"包含防止权力不慎行使的机制"[46]。尽管如此，这一限制并没有破坏我们的主张。正如克劳斯所言，"将主观意图作为作出承诺的必要条件"会挫败"承诺的意义（point）"，或者至少会严重限制其作用，使其仅作用于"向已经信任他们的人作出承诺的个人"[47]。因此，承诺人"会选择使他们的承诺具有客观约束力"[48]。

克劳斯确实承认客观理论对个人自治的不利影响：它破坏了"个人（仅仅是客观承诺人）摆脱主观上非故意（unintended）义务的消极权利"[49]。但是，正如克劳斯断言的那样，法律无可非议地遵循了"个人主权"的规定——即承诺性道德所依赖的个人自治概念[50]——以"优先考虑尊重选择承担具有客观约束力承诺的完美个人的积极自由"，而非"应受谴责的个人的消极自由"[51]。

简言之，合同法在这种较量中不可能是中立的，考虑到它所运作的主体间语境，它正确地选择了客观理论[52]。

转让理论中的规范失败

这一结论不仅解释了客观理论的稳固地位，而且揭示了为什么基于权利的理论家对考虑后果——甚至是对人们自治的后果——的抵制是行不通的。

契约不可简化地与赋予权力规则有关；甚至里普斯坦在他的论述中也指出，契约是一种使人们有权"为其作出安排，从而改变他们各自的权利和义务"的"手段"。[53] 某些情况下——尤其是在紧密结合的群体中——这些规则可能是约定俗成的（社会规范主要通过当事人的声誉关切来执行）。[54] 在许多其他情况下，缔约严重依赖于法律，因此，通过使自己受制于合同法的"强大制度化机制"的潜在部署，那些没有预先存在的理由去相互信任的人们可以进行合作，并且每人都可以依靠对方的理性作为唯一必要的保障。[55]

此外，对于以自身社会规范为指导的当事人来说，合同法也往往提供了背景保障，一个未雨绸缪的安全网有助于在他们日常的、更愉快的互动中促进信任。[56] 因此，法律（或类似法律的社会惯例）塑造了，而不仅仅是反映了人与人之间的缔约实践。在制定合同法时，我们必然会作出影响当事人双边关系轮廓的选择。

对于一个基于自治的合同法来说，其首要问题不是"哪些对人们自治的约束是合法的？"（就像侵权法的许多方面一样）；而是"合同法应如何增强人们的自治？"[57] 当然，前一个问题并非与契约无关；但除非我们认可契约，否则它就毫无意义，而只有当我们发现契约增强了自治时，这种认可从自治的角度来看才有意义。

因此，后一种更为根本的追问，必然隐含着，对法律如何能够促进有利于契约自治增强目的的双边自愿义务形式的事先讨论。这种探究不是量化的，它不是要最大化世界上的自治。

40

但它仍然是目的论的。契约本身并不值得遵守。相反，它的价值源于它对我们自治的贡献，而自治也因其本身而受到重视。因此，我们正在寻找一种尽可能有利于人们自治的制度，即一种产生最自治友好型影响的制度。

　　像巴内特这样的自由主义契约理论家可能会承认法律很重要，但仍然赞同合同法的一种极简主义角色——类似于适用于在《无政府、国家与乌托邦》（*Anarchy, State, and Utopia*）中罗伯特·诺齐克的守夜人国家的原始版本的越界原则。[58]（顺便提一下，按照诺齐克在那本名著中的论证，致力于将乌托邦作为乌托邦框架的强大概念，需要一个比守夜人国家所认可的更强大的法律，包括合同法。[59]）

　　在这里重要的一点是，合同法并没有什么特别之处可以证成或要求巴内特的自由主义论述。它也没有什么特别的诺齐克式的——诺齐克本人后来也承认了他早期版本的自由主义的缺陷，以及国家及其法律发挥更积极主动作用的必要性。[60] 然而，如果国家尽量少干预的自由主义观点对你来说有吸引力，如果你相信这会让世界变得更美好，那么巴内特的观点就能看似有理地指导你对合同法的态度——但这种观点是基于结果主义推理的选择，而不是源自义务论原则的要求。

＊　＊　＊

　　请注意最后这个论点性质的结构性转变：在像契约这样的赋予权力的法律体系中，竞争性契约制度的后果很重要。弗雷德打开的大门已经关闭。

　　我们现在正在谋求一种具有规范吸引力的个人自治观点，以指导国家制定其合同法。合同法赋予了创造对人们自治至关重要的新权利的权力，因此不应该用纯粹的传统主义观点来理解契约。正如希弗林所正确暗示的那样，[61] 这是一个自由开化的国家有义务建立的惯例，因为自由开化的国家有义务尊重人们的自治，而不管这种实践也可以带来什么工具性利益（如总体福利）。但是，由于契约是为了达到自治目的而受到重视的，因此如果不涉及其对人们自治的影响，就无法从自治的角度来捍卫实践赋予的这种规范性权力。

这的确是一条与基于权利所走的弯路截然不同的道路，但却是契约理论的正确道路。更坚定地说，这是自由主义契约理论的唯一出路，也是我们接下来要走的地方。

第4章
恢复自治

在本章中，我们通过颂扬弗里德论述的目的论基础，将契
约理论与主流自由主义关切重新联系起来，也就是说，我们提
出了弗里德和后来的自由主义契约理论家试图从他们的论述中剔
除的线索。为了恢复契约的自治，我们探讨了三个难题——独立
与自决、内在价值与最终价值，以及过失与不作为。其结果
是，当我们提出选择理论时，自治将在第三部分中扮演中心
角色。

从个人独立到自决

现在是时候承认，将自由主义契约理论扎根于个人独立和
其他基于权利咒语的雄心勃勃的努力失败了。如果自治的真正
意义仅仅是作为一种约束，那么契约就是不可能的，或者说是
不正当的。但它两种都不是。

前进的方向是在作为自决或自我创作的自治概念的基础上
建立一种契约理论。这种方法回答了契约理论的经典问题：守
约义务是基于什么产生的？答案很简单，即拥有约束我们自己
的规范力量具有（工具性）价值。[1]

契约所服务的价值是自治：正如弗里德所言，法律（或

我们应该尊重的在法律之前的任何惯例）赋权个人订立协议的能力，这些协议促进了他们合法地相互招募以追求私人目标和目的——因此，合同法增强了我们成为自己生活作者的能力。这一看似简单的陈述概括了契约理论最困难的挑战之一：正如自我创作理论要求我们有能力书写和改写我们的人生故事一样，合同法使我们能够作出可信的承诺，同时通过限制我们可以作出的可强制执行的承诺类型，来保障我们重新开始的能力。[2]

42 　　对于自由主义者来说，从个人独立（或消极自由）到自治（或自决）的转变应该是很自然的，他们通常拒绝将自由视为独立的单薄（自由论）的概念。自决代表了一种丰富的自由概念；它的价值在于使我们的独立有价值：我们都有权免受强迫，因为如果我们每个人都要自己书写我们（单独）生活的（单独）故事，那么这种自由对我们每个人来说都是必要的。

　　这就是为什么自由主义者坚持认为，一个人是自由的，不仅仅是在形式上不从属于他人的选择，而且是在更强有力的意义上能够就他或她的人生应如何进行作出有意义的选择。约翰·罗尔斯写道，自由的个体按照他们的能力行事，即"拥有、修正以及理性追求利益的观念"。[3]一个人之所以能够在形式意义上"自由"，仅仅是因为没有其他人处于对她的支配地位。但这种观念过于狭隘，因为它忽略了对高效实现个人形成和追求利益构想的能力的关注。

　　正如哈特所注意到的，自决对于人们过上他们有权享有的充实人类生活是必要的；虽然这需要一定程度的独立性，但它

"并不是由消极权利结构所自动保证的东西"[4]。

用自决替代独立作为契约的最终价值，解决了以往自由主义契约理论遇到的许多困难。首先，合同法作为一个赋予权力的法律体系，是增强我们自决的有力手段——这种理解暗示了弗里德等人试图抵制的目的论观点。此外，从自决开始意味着履行的义务并没有什么神秘之处：正如我们在本章后面解释的那样，这一义务遵循了私法所基于的对自决的相互尊重的义务。（这一义务还需要认同关系平等，我们将在第 8 章中捍卫这一点。）

最后，将契约理论建立在自决而非独立的基础上，为正确处理效用和共同体的作用创造了空间（我们将在第二部分讨论这一任务）。这些利益并不作为最终的、独立的契约价值，但它们也不是完全由抽象的自决概念来规定的。相反，它们是可以成为我们人生故事的组成部分或有助于我们人生故事的利益；换句话说，这就是人们通过契约招募他人的原因。

请注意，我们并不是说契约是满足偏好或建立有意义关系的唯一途径，就像我们并不认为通过契约招募他人是自决的个人能够追求他们的（功利主义的或共同体的）目标的唯一途径一样。但是，在一个深刻的人际相互依存的世界里——也就是在我们现实的世界里——合法地招募其他个体来实现这些目标的能力是至关重要的，即使并非在分析上不可或缺的。

综合这些观点，我们得出结论，基于自治的契约理论并不是关于最大化效用或优化共同体的。相反，它致力于确保丰富条目的契约类型，授权自决的个人去追求他们对效用和共同体的理解。

工具性、内在的及最终价值

将契约的价值建立在自决之上，意味着契约必须是自愿的承诺，就像任何自由主义的契约论述一样。这也意味着，这种对契约核心的单薄理解是不够的；自由主义者不能满足于传统的契约自由的不干涉姿态。构成契约类型的一系列强有力理论并不仅仅是可能值得拥有的可选的附加组件。相反，正如我们在第 7 章中解释的那样，认真对待自治需要一部积极主动的法律，使契约性选择变得可行，而且确实是可能的。

这意味着一个自由主义的合同法理论不能仅仅满足于保护我们的独立性。但这并不意味着合同法应该不考虑个人独立性，这一结论将破坏合同法对自愿性的核心认同。[5]

正如我们刚才所暗示的，独立性价值在于它对自决的贡献——但前者不仅仅是后者的手段。我们并不是说独立性是一种工具性价值——我们不认为独立性的价值完全体现在"其结果的价值，或它可能产生的后果的价值，或……可以用来生产的价值"[6]。将独立性理解为达到自治目的的手段意味着，每当我们对人们独立性的认同似乎与最能促进人们自治的规范相冲突时，[7]我们对人们独立性的认同就必须退缩和让步，这似乎是不可接受的。

事实上，这种推翻人们独立性的捷径正是以赛亚·伯林关于消极自由的内在意义的著名警告的目标。对独立性采取完全工具性的看待可能意味着（对某些人来说已经意味着）无视人们"实际愿望"的全权委托，而这种愿望可能是由"非理性的冲动、不受控制的欲望"等"以他们名义以及代表他们的'真实'自我"驱动的。由这种观点所引起的强制和压迫导致伯林坚持认为"人类存在的某些部分必须保持独立于社会控制的范围",并且"无论多么小,只要入侵那片保护区,便是专制主义"[8]。

这种对滥用的担忧,并不必然会指责从纯粹的工具性角度考虑独立性。但是,即使没有滥用,那种认为人们的实际愿望仅仅是什么值得尊重的标志的观点,也是令人反感的,而这种反对意见表明,这种对独立性的工具主义理解未能体现其价值所在。自由主义者可能会发现,这些问题正是促使他们将独立性视为法律(或私法)最终价值的动力。但我们面临的选择并非二元的。

一种价值可以是"内在价值",也就是说,"即使脱离(它的)工具性价值"或它对"产生某些结果"的贡献,但又不是"最终价值",那它也是有价值的。尽管这类价值(例如艺术的价值)要么通过引用另一种最终价值来解释或证成,要么其价值在于它是该最终价值的"基本部分"或基本成分,但它对该价值的贡献并没有在工具性方面完全体现出来。[9] 就我们的目的而言,我们得到的经验教训是清楚的:尽管独立性不是最终价值,但它也不仅仅是工具性的——相反,它具有内在价值。

作为一种内在价值,独立性必须得到每个体面的民主政体非常认真的重视。这一规定对合同法产生了一些影响,特别是它对自愿性的合理认同。但这并不意味着像基于权利的理论家所主张的那样,在契约领域构成对独立性的唯一支配权。

将独立性视为内在价值而非最终价值是具有挑战性的。我们需要确保独立性不会回避它作为其基本部分的最终价值（自决），也不会违背构成自决的其他价值。与此同时，我们还必须防止其自身贬损为仅仅达成更高目的的手段。要理解这项任务的复杂性，不妨想一想，那些把健康和美味都视为晚餐之美的构成要素的人，需要如何容纳这些可能相互冲突的关切。

这一挑战无法用一个神奇的公式来面对，这正是为什么像哈特这样的自由主义者，对早期诺齐克的努力不感兴趣：早期诺齐克试图"把对个人生活的影响如此不同的事物混为一谈，作为同样不合法的事物加以禁止，比如拿走一个人的一些收入来拯救其他人免于巨大的痛苦，以及杀死他或为了同样的目的而夺取他的一个重要器官"[10]。哈特坚持认为，虽然后者肯定是不可接受的，但前者则是完全可以接受的，因为它并没有"忽视将人类划分为单独个体的道德重要性，且未威胁到人的正当不可侵犯性"[11]。

因此，哈特将我们的注意力集中在区分"对不同特定自由的不同限制的严重性，以及这些限制对进行有意义的生活的重要性"的这一"平淡无奇但不可或缺的苦差事"的意义上。[12] 事实上，总而言之，义务论的自由主义契约理论最根本的问题在于它们依赖于一种贫乏的契约性自治观念。他们与自治的最终自由主义价值失之交臂，即自决而非独立性。

私法中的积极义务

基于权利的契约论家不太可能满足于这一立场。我们已经处理了他们的一些反对意见。在此，我们将考虑最后一个反对意见，即我们施加积极人际义务的正当性。

新康德主义私法理论家反对这样一种观点，即"让承诺人对目前后悔的承诺负责"，如果这种观点意味着人们有义务为某种"利益的形式"做出贡献[13]，或者更确切地说，它施加给个人积极主动支持他人自决能力的积极义务。对他们来说，这种义务忽略了不当作为与不当不作为间的区别，而他们认为不当作为与不当不作为是自由主义私法的"组织规范观念"[14]，因此也是其标志性特征。[15]

我们同意，这种区别确实与任何强调自由的法律体系都相关——因此也与我们的私法相关，更具体地说，与我们的合同法相关——但仅限在一定程度内。这种区别并不要求我们应当积极放弃任何服务于人们自决的责任。[16] 私法，就像更一般的法律一样，对帮助他人的积极人际关系义务持正确的谨慎态度，部分原因是它们可能过度干涉人们的自治[17]（还因为，例如，施加救助义务可能会稀释利他主义的道德价值，而从功利主义角度来看，它可能很难在容易和困难的境况之间划清界限[18]）。通过消极义务对一个人的行动方案进行限制，通常比通过积极义务规定该行动方案应是什么对该人的自治侵犯要小。

这种对不当不作为/不当作为区别直觉上的理解，在其他地方得到了捍卫和证明，[19] 其并不意味着人们不应承担帮助他人的义务。相反，它确实意味着，在所有其他条件相同的情况下，在决定人们在某些情况下或在一般情况下帮助他人的道德责任和法律责任时，对自治的考虑可能更为重要。这种约束意味着，积极的人际关系义务必须认真考虑互动双方的自决。事实上，私法的实际运作方式体现了我们在前两页中讨论哈特对内在价值的处理时提到的那种平淡无奇但不可或缺的判断。

因此，私法特别指出义务承担者的责任侵犯了她的独立性，但并未严重危害她的自决的情况。私法并不是仅仅坚持将自由视为独立的单薄概念，从而严格限制其作用以维护每个人的独立权，而是认真对待互动当事人的自决权。虽然对每一方独立性主张的相互尊重可以通过严格的不干涉义务得到充分维护，但对我们自决权的相互尊重可能需要某些积极义务来帮助他人。

这种推理很好地解释了错误支付情况中的规范赔偿义务。在这里，法律牵连了作为"纯粹被动受益人"的错误支付的无辜收款人负有补救付款人"不幸错误"后果的积极任务——收款人对此不承担任何责任。[20]这一私法规则对收款人施加了一项积极义务，即不得对犯错方的情况视而不见；但这是一项不太大的义务——是一种微不足道的负担，既不会危及她的自决，也不会严重破坏她的独立性。[21]

合同法中的积极义务

现在我们可以回到合同法上。从目的论的角度构想契约意味着，承诺人确实在为他们的被承诺人的自决权服务时招致了一些负担。但在契约的背景下——就像在错误支付的背景下一样——这种负担微乎其微；正如我们所看到的，它只是要求人们如果不打算遵守合同法的规则，就不要选择援引合同法赋予他们的权力。[22]

最后的一个想法可能有助于将选择理论与所有其他目的论

的契约论述区分开来，特别是将契约作为社会福利最大化手段的经济学论述。选择理论对契约自治增强功能的关注很容易解释结果主义者一直面临的一个难题：为什么契约会在承诺人中设定专门对被承诺人的义务？与其他目的论理论不同，我们的方法给出了一个简单明了的答案：只有这样，契约才能使我们每个人都能为我们的目标招募特定的其他人。[23] 契约可以促进人们的自治，当且仅当它作为一种手段，通过这种手段，特定的人可以招募其他可以帮助他们追求其目标的特定人员，并进一步被授权在违约的情况下援用执行程序。 47

　　新康德主义者（以及或许其他矫正正义学者）仍可能反对，认为我们的理论违反了他们对私法相关性（或双极性）的关切。其实不然，但其原因超出了本书的范围。简而言之，对于专业读者来说，其答案是相关性应只要求被告责任和原告权利之间的趋同，而该种趋同的前提是对该法律领域的理想人际关系的法律（事前）规定。[24]

　　这场争论的一大收获要点是：为服务于自己的自治而行使签订契约的权力（自愿地和积极地），也无可非议地需要对另一方承担某些义务（有限地和积极地）。这些义务的内容以及与之相关的国家义务，是选择理论的关键。

＊　＊　＊

　　契约通过使人们能够合法地招募他人参与推进其计划来服务于自治，从而扩大了人们为塑造其生活而可以作出的有意义选择的范围。这是一个重要的主张，但只是一个初步的主张。为了完善一般的、自由主义的契约理论的构成要素，下一步就是要理解为什么人们想要招募他人参与其计划。

第二部分
契约的利益

第5章

效 用

当我们行使契约权力时，我们谋求的主要利益是什么？一般契约理论必须明确这些利益，解释它们彼此间的关系，并将它们与自治的最终价值联系起来。只有这样，我们才能谈论如何制定合同法以满足其规范潜力。

在第二部分中，我们展示了如何最好地将基于效用和基于共同体的理论理解为一个强大的自治增强契约概念的重要构成要素。请注意，我们对"效用"的命名遵循了对契约的物质利益及经济利益的传统关注，尽管我们认识到"效用"的概念也可以包含社会利益。这也是为什么我们交替使用"效用"和"效率"两个术语的原因。

这部分并不是对相关学术研究的全面考察，也没有深入探讨我们所涵盖的论述的细微差别。我们的使命更为有限和集中：首先，展示功利主义和社群主义契约理论何以不能被解读为契约的一般论述，反过来，它们又是何以能够而且应该被解读为基于自治的理论必须承认和促进契约利益的论述。如果我们把自由放在首位，这对效用和共同体来说意味着什么？

内部与外部价值

　　作为一个预备问题，我们为什么要关注效用和共同体？难道没有其他价值是契约结构的基本价值了吗？有的。其他"内部"和"外部"价值同样可能在影响合同法方面被证成。但是，自治、效用和共同体（正如我们所呈现的那样）与其他价值不同：它们参与了对缔约当事人的理想人际关系的法律构想。

　　这个框架允许我们在适当的时候分析其他基本价值——事实证明，主要是在第8章中，在我们阐述了选择理论的核心之后。例如，考虑一下像"关系平等"这样的内部价值，它被概念化为对当事人自决权的相互尊重。虽然关系平等控制权在这里讨论似乎已经成熟，但它们最好被理解为契约自治增强作用的必要条件，而不是契约的独立利益。

　　同样，我们也可以推迟对定性上不同的"外部价值"的讨论，即构建法律和社会的基本价值，但这些价值产生于契约关系本身之外。例如，我们对分配正义的外部价值的考虑推迟到第8章和第9章。[1] 在那里，我们讨论了两个重要的路线——关于弱势方的关系平等和自治。通过这两个途径，选择理论有助于改善合同法与分配正义之间的摩擦。[2] 分配正义是一个重要的价值，但它本身并不是合同法的内在价值。

　　在更一般的层面上，我们认为"内部价值"在塑造合同法方面是而且应当享有特权，尽管它们不需要像某些私法纯化主义者所主张的那样享有严格的垄断。这种特权意味着，"外

52

部价值"只有在它们通过了更高的正当性门槛时，才应该影响合同法的轮廓。在私法理论中为内在价值证成这种特权是我们在其他地方要承担的一项任务，[3] 以及随之而来的外部价值如何可能影响或已经影响合同法的问题。[4] 现在我们可以转向效用——一个重要的构成要素。

效用与自治

一些对合同法的经济学分析将该领域概念化——明示或暗示地——为一套复杂的激励措施。这种观点认为，这些激励措施应旨在诱导潜在的交易者行为，以最大化总体的社会福利，其中福利通常被定义为偏好满足。更具体地说，这种论述以"合作是富有生产力的"并因此"创造价值"这一观点开始，并得出结论认为，合同法在理想情况下应"以低交易成本诱导……最佳履行和依赖"[5]。

这种对契约的集体主义理解具有很大的实用性优势，但总是带来关于总体效用在契约理论中地位的不安——这种价值当然是当事人契约性关系之外的。大多数契约理论家，甚至是以效率为导向的契约理论家，也不会断然地主张效用是合同法的最终价值。与之相对，（明示或暗示地）渗透这种立场的规范性关切是我们所熟悉的：一些理论家质疑从总体偏好满足的角度来构建公共利益；另一些理论家则质疑利用私法——招募私人个人的人际互动——为了这种集体主义目标的合法性。[6]

我们无需解决这一争议。在合同法领域内，经济学分析的许多经验教训都与将自治作为合同法最终价值的认同相一致。[7]

53

原因很简单，至少从我们对契约性自治的论述来看是这样的。通常，最大化共同盈余是一种利益，或者至少是缔约方本身的利益。对于这样的契约而言，尊重自治需要采纳经济学分析。

只要高效地重新分配他们各自的权利是当事人所希望的，并且当（且仅当）这种利益不会破坏对自治的最终规范性认同，那么这些理论就会趋同：要尊重自治，就要将效率视为那种缔约类型中理想法律的衡量标准。（我们将对冲突价值的讨论以及我们的论述与经济学分析有何不同的讨论留在第8章。）

商务合同

为了证明合同法的经济学分析对基于自治的理论的潜在有用性和局限性，不妨考虑一下艾伦·施瓦茨（Alan Schwartz）和罗伯特·斯科特（Robert Scott）关于商务合同的作品，即公司之间的契约。[8] 这部作品是美国合同法功利主义分析的最佳典范，也与欧洲合同法理论最近的福利主义转向的驱动力相似。[9]

对于施瓦茨和斯科特来说，核心的组织问题是，"商务当事人希望国家提供什么样的合同法？"[10] 他们的答案是，这种法律"应该仅限于追求效率"[11]。他们假设不存在相关的外部性（或者说，这种外部性应由环境法和反垄断法等专门针对）。他们进一步搁置了对系统性认知错误的关切，因为"公司和市场是为了最小化（其）可能性，而由公司内部的重要决策者建构的"[12]。

对于契约宇宙的这种（无外部性的、无偏见的、复杂的商业）子集，施瓦茨和斯科特明智地将契约利益确定为最大化当事人的共同收益或契约性盈余。[13] 鉴于这种利益，他们煽动性地指出，当前商务合同法的大量内容都是误导性的，应该进行修改，以便当事人能够更容易地产生更大的契约性盈余。

更具体地说，他们建议：①废除一些"禁止执行高效地应对了隐蔽信息和隐蔽行动问题的契约条款"的强制规则；[14] ②采用不受欢迎的文本主义方法作为默认的解释理论；[15] ③鉴于法院和法律起草者（相对于当事人）在提供高效默认方面的系统性相对劣势，以及由这些失败尝试引发的结果，以商务当事人（代价高昂的）选择退出的方式进行，大大限制了国家提供默认的范围。[16]

这一详细的改革计划展示了彻底效率分析的规范性力量。但是，在严格受限的商务合同领域内，它是否完全取代了作为契约最终价值的自治？并没有，即使对于施瓦茨和斯科特来说也并非如此，正如仔细研读他们的作品所表明的那样。[17] 他们确实断言，商业公司是"国家无需尊重其自治的法人"。[18] 他们也确实声称，福利最大化应该单独地指导这个契约领域。[19]

但为什么是赋予效用特权呢？对他们来说，这是出于对"当事人的客观事前意图"的尊重，他们认为这种关切是"当事人控制的情形"的前提。[20] 最根本的是，效用优先是出于对"当事人主权"的考虑，这是一个他们强调并反复使用的术语。[21] 他们的论述（以及许多其他相似的论述[22]）似乎支持以下观点：鉴于商务合同中预期当事人的规范（canonical）福利最大化目标，故尊重"当事人主权"要求管辖此类交易的法律也应效仿。[23]

然而，签订商务合同的"法人"背后站着的是真实的人，而且法律最终服务的是那些真实的人谋求做出的选择。按照这种方式来构建，"当事人主权"演变为我们所定义的契约性自治——这是一种最好被理解为关于自治而非最大化效用的关切。作为这一隐含规范性框架的间接证据，请考虑连姆·墨菲（Liam Murphy）的观点，即大多数合同法的经济学分析都倾向于"理所当然地"认为，适当的契约规则"对每个缔约方都是最好的"，尽管并不能保证它是"对整个社会来说总体上表现最好的规则"[24]。

我们承认，当事人主权的意义也可以建立在认识论原因的基础上——在认识论中，当事人被视为关于他们偏好的最佳信息载体——因此，尊重他们的选择只是实现总体福利最终目的的一种手段。但是，认为当事人主权没有独立价值而只服从于总体福利的观念，只是将一切都转化为偏好的功利主义的惯用伎俩。它在这里失败的原因与在其他地方相同：它假定所有有价值的东西都是可比的，而且它没有对偏好满足的价值进行可靠的论述。[25]

考虑一下最有说服力的基础功利主义契约的例子，即那些由公共服务私有化产生的契约，其中，合同法专门取代了先前的公共治理形式以实现高效的结果。在这个有限的领域中，合同法诚然是出于集体目的而"被征用"的，即为了实现合同法之外的目标。但即使在这里，民主政体也应抵制将自治完全归入总体福利之下。相反，我们认为，要以这种方式合法地使用契约，政府必须支付"入场费"：至少，这些新契约类型应该遵守（所有其他契约类型也应该遵守）契约的增强自治基础所隐含的单薄但却重要的约束。

我们在此质疑经典的经济学观点，因为它未作出定性的区分，尤其是自治利益与福利主义利益之间的区别。认真对待这些区别，会导致我们的竞争方法类似于我们对施瓦茨和斯科特作品中当事人主权的解释。这种观点的优点在于，它允许法经济学家将他们（有问题的）的集体主义福利最大化方法论包含在他们通常（如果默示地）致力于的个人主义的、关于自治的规范性框架中。无论如何，我们的解释正是为什么对当事人主权影响的效率分析对于关注自由的契约理论家来说是很重要的。

在我们的理论中，自治和效用很容易并存。当人们选择在商业生活中走到一起，并在某种程度上谋求财富最大化，那么合同法就应该促进那种选择。因此，增强个人自治要求合同法为商业安排提供各种结构——丰富的公司、合伙、信托和商务合同类型。即使就财富最大化商业互动的单一领域而言，自治也可能需要多种类型，正如我们现在看到的财富管理契约类型（在第 9 章中讨论的）。

在满足了自治必要性的情况下，这些契约类型的内在生命应该促进人们的福利目标，达到人们所谋求的程度。因此，根据施瓦茨和斯科特的观点，这些公司之间的合同法应该最大化共同盈余。这并不是因为自治无关紧要，而是因为这一概念在早期阶段就已经发挥了作用——为公司提供了充足的财富最大化的契约类型，并确保了这些类型都不会威胁到个人自治。

商务合同示例的局限性

我们还可以从施瓦茨和斯科特对他们研究的仔细界定中吸取另一个经验教训。他们对商务合同的敏锐关注有助于安排并系统地呈现出"我们这个时代商人法的理论基础"[26]。这是一项重要的任务。但它不能成为合同法一般理论的基础。即使施瓦茨和斯科特也承认,适用于无外部性的、无偏见的和成熟商务当事人的规则可能并不适用于其他类型的契约,尤其是那些涉及个人的契约。[27]

当我们远离他们的极端情况时,效率分析仍然是相关的——因为人们在缔约时往往谋求物质利益——但"当事人主权"不再直截了当地指向最大化共同经济盈余。效率分析并没有变得无关紧要,但它的中心性必然会随着竞争价值发挥更大的作用而减少。

法经济学契约理论家们在面对这种不能比较的价值时,通常会很挣扎。[28] 他们通常通过两种有缺陷的策略之一来应对。第一种,也是最没有说服力的方法,即否认冲突,并转而断言效率分析可以为整个合同法的规范性分析提供基础;[29] 这仍是还原论观点的另一种表现,其将所有有价值的东西都转化为偏好。不出所料,它又一次失败了:当这些理论家试图解释被广泛地理解为由完全不同的价值激励的缔约领域时——例如婚姻合同——结果一致令人失望。[30]

第二种,逆向方法重新定义并缩小了构成了合同法领域的范围,基本上是我们在引言中讨论的威利斯顿计划的加强版。

56

因此，在施瓦茨和斯科特看来，公司之间的契约是"通常所说的合同法的主要主题"，因为其他类型的契约由"《统一商法典》（Uniform Commercial Code，UCC）第 2 条和《合同重述（第二次）》规定"之外的其他规则管辖。[31] 正如他们所指出的，"个人之间的契约主要受家庭法（婚前协议和离婚协议）和不动产法（房屋销售和某些租赁）管辖"；"作为卖方的公司和作为买方的个人之间的契约主要受消费者保护法、不动产法（大多数租赁）和证券法管辖"；以及"作为卖方的个人和作为买方的公司之间的契约通常涉及个人劳动力的出售，并受管辖雇佣关系的法律规制"[32]。

从根本上缩小合同法范围并不比过度扩张经济学分析更有吸引力。施瓦茨和斯科特的观点可能反映了当代合同法的规范分工以及合同法大多数第一年课程的重点。这种对《统一商法典》的关注可能有一定的历史渊源，并可能反映出了某个特定子集研究项目的门槛；或者，它可能反直觉地由美国合同法在州和联邦层面的显著碎片化引起的，特别是考虑到涵盖明确契约类型的广泛立法。[33] 尽管如此，这些或有事实都没有界定国家执行自愿义务的领域，或契约在人们生活中发挥（或可以发挥）的增强自治的功能。将商务合同称为核心并不能使它成为核心。

我们并没有通过排除发生在家庭、住房、消费者交易和就业等领域的大量缔约来更接近一般契约理论。

* * *

专注于商务合同有其优势。正如我们所见，当成熟的当事人都在谋求共同经济盈余的最大化时，并且当（且仅当）合同法不需要担心任何负面的外部影响时，效率分析就是正确的工具。

然而，这一焦点对契约理论的其余部分具有误导性。施瓦茨和斯科特已经确定了一个有限的契约领域，在这个领域中，效用和自治的关切似乎大多趋于一致，而在其他任何地方两者都未趋同。正如他们欣然承认的那样，他们的例子并不能推广。推广他们方法的尝试忽视了缔约的其他利益，并且至少部分地掩盖了契约作为一种——也许是——增强我们自治的法律手段的潜力。

第6章
共同体

$\sim$✿$\sim$

"共同体" 的价值

人们缔约不仅是为了经济利益，也是为了通过共同合作、参与成功的集体事业而获得社会收益。换句话说，除了合作在促进经济成功方面的重要性外，有时，其本身也是一种缔约利益。人们重视人际关系——不仅仅是出于工具性原因，即其作为达到某种独立指定目的的手段。[1] 契约可能有助于进一步创造这些具有内在价值的关系。[2]

这种观点认为，合同法的价值在于使"人与人之间的特殊纽带"成为可能，这种纽带"是由参与者的选择自愿塑造和发展的"，因此其在道德上是可取的。[3] 对这种方法，至少可以作宽容的解读，其并没有不考虑或寻求取代契约的功利主义利益。相反，它主张，除了这些利益之外，契约也是独立社会价值的来源，而人们发现其具有内在价值。

契约为人们提供了一个机会，可以丰富和巩固在合作、支持、信任和相互责任中成长的人际资本。用我们的术语来说，将这些从人际关系利益中凸显出来的契约理论可以被归纳为"基于共同体"的方法。它们首先抱怨传统理论，对于他们来说过于个人主义，因而忽略了契约的本质。取而代之的是，他们以契约所创造的人际关系作为契约的前提。[4]

有时，这些理论变得像他们所批评的理论一样过度扩张。要说所有契约都必然是关系性的，而且共同体是核心，那么就需要将大量缔约从分析中边缘化——它给出的结果与过度扩张的效率分析的结果一样令人难以置信。这种基于共同体方法的极端说法并不具有说服力。但更细致入微的解读，即颂扬（某些）契约所创造的特定关系的内在价值及其对我们实现有价值生活的能力的贡献，[5] 可以丰富我们基于自治的理论。

关于术语的注释：关系价值与共同体价值

在这篇简短的论述中，我们并不试图涵盖所有关于契约的人际关系维度的文献。特别是，我们搁置了对"关系性缔约"的强有力的法和经济学讨论，即关于信任和团结在长期、复杂的契约背景中所发挥的工具性作用的学术研究。

乍一看，排除这种全面且充满活力的契约关系的观点似乎很奇怪。关系性契约研究确实极大丰富了对契约的功利主义分析。它将注意力集中在缔约方可以促进效用利益的一系列多样化关系性手段上。[6] 我们所面临的问题是，就其本身而言，对关系的经济学理解并没有为在第 5 章中讨论的功利主义利益增加不同契约利益。正如这个术语如今被普遍理解的那样，对"关系性缔约"的研究是契约功利主义分析的一个子集。

相比之下，社会学家和（某些）契约哲学家更关注契约所创造的特殊联系的内在价值（而不仅仅是工具性价值）。这种对特殊联系的关注是法律和社会学者在最初创造"关系性缔约"这个术语时所考虑的对"关系性缔约"的理解。当哲学家们强调（以非常不同的措辞）缔约的独立社会意义时，这就是他们在今天的讨论中提出的理解。

虽然哲学家和社会学家在合同法学术研究中很少被一起解读，但这样做却是相当有启发性的。将这两个学科结合在一起的一直是对契约性关系的独特的、非功利主义利益的共同关切。能最好体现这种利益的术语仍然是"关系性缔约，"但我们必须将其搁置一边。它已经与法和经济学契约理论完全地紧密相连，以至于在更老的、社会学意义上使用"关系性缔约"在今天也仅仅是令人费解的。同样，像"关系契约"或"基于共同体的契约"这样的同类词也是有瑕疵的。

因此，目前，我们选择了"共同体"这个不完全恰当的（awkward）术语来反对之前章节中讨论的"效用"利益。我们将论证合同法应该支持个人自由，以形成各种类型的"共同体"，就像合同法应该进一步实现高效配置一样——当在一定程度上这是缔约当事人所谋求的目标时。基于"共同体"的价值，就像它们的功利主义价值一样，是一般自由主义契约理论的必要构成要素。任何一种价值都不能完全归为另一种。 60

紧密共同体

基于共同体的理论可以大致被分为两组，我们称之为紧密理论和单薄理论。伊恩·麦克尼尔（Ian Macneil）最能代表前者阵营，并且是与基于关系契约的社会学研究联系最相关的学者。麦克尼尔的出发点是我们（以及当今大多契约理论家[7]）所共有的，即使不是大多数，也有许多契约实践不符合人们所熟悉的简单的利益交换的景象。[8]

事实上，不同的契约类型——在婚姻、劳动和就业、特许经营以及其他涉及特定资产投资的长期交易中——与这种离散的缔约有着根本上的区别。[9]由于这些长期合同"以复杂的（事前无法详细说明的）义务和特定资产（事后无法补偿的）投资为特征"，故它们要求当事人"采取有意识的合作态度"[10]。正如戴维·坎贝尔（David Campbell）所解释的那样，这些契约类型在很大程度上依赖于关系——它们发生在关系中，它们是这些关系的基本要素，只有并且只要关系受到重视，它们就必须发生——因此，它们"受到关系规范的指导，这些规范强调维护关系，并为了这样做而合作地调整义务"[11]。

"关系"合同的另一个典型特征是所谓的"契约治理"的意义。[12]尽管规划交互的主要内容仍然很重要，但"许多具体的实质的行动方案无法被事先规划"[13]。因此，麦克尼尔指出，必须更加重视当事人的"运作关系"以及"结构和过程"。[14]

虽然有时这种治理结构的大部分是正式的，甚至是等级制的，但这些契约也必然依赖于某种程度的信任和团结。[15]在这些契约的某些类型中，当事人"进行社会交互（而不仅仅是）经济交互"，或者至少变得高度相互依赖，因此他们的"关系往往既包括利益和负担的清晰划分，又包括利益和负担的分担"[16]。举个例子，麦克尼尔讨论了雇佣合同，其特点是"精确的工资和精确的工作任务"，同时共享"繁荣……通过奖金计划、更舒适的工作条件、更多的加班等"以及共享"困难时期裁员（和）利润减少或甚至亏损"[17]。

功利主义批评家可能会认为，信任、团结和分享在就业的背景下没有内在价值，而仅仅是一种最大化契约性盈余的手段。我们欣然承认工具性价值，但仅限于一定程度，除此之外，在工作领域中还存在着非工具性社会价值。我们不确定如何解决这场关于就业的争论——我们也不熟悉任何在实证上证实一种或另一种观点的研究。

亲密关系的范围是不同的。当契约性共同体也是配偶双方自我理解的一部分时，很少有人提出彻底的工具性论点。[18]而那些提出此类论点的人是没有说服力的。相反，通过参考紧密共同体可以更好地解释管辖婚姻合同的法律，而紧密共同体代表了我们所说的基于"关系"的契约类型。与我们的观点相一致，婚姻分居协议会因情况变化而受制于可能的司法修改，例如，婚前协议的典型特征是强有力的（事前和事后）公平审查。[19]

与这场争论更相关的是离婚规则中的平等分配，它已成为婚姻合同法中的最基本原则。分析这一默认规则的最佳工具性尝试——不考虑它谋求维持的紧密共同体——认为该规则是防止在某些具有战略价值的节点上退出婚姻共同体的动机的一种手段。[20]

这种完全工具性的论述的问题在于，它只能证成在无财产配偶的机会成本范围内的追偿，而不是我们实际看到的平等分配规则。[21]当婚姻双方的市场力量等级存在很大差异时，考虑到性别不平等的情况仍然经常发生，对于保障集体行动优势而言，平等分配并不是必要的。

平等分配规则最令人信服的（也是非偶然的）正当性在于其他方面，即婚姻作为一个"紧密共同体"的理想，更具体地说，作为一个平等主义的自由主义共同体。平等分配通过拒绝对婚姻利益的任何唯利是图的理解，从而拒绝了任何基于个人应得的核算，从而使得这种非工具性婚姻理想成为现实。相反，它为成本和收益都注入了主体间的特征。我们所称的"紧密共同体"围绕着平等共享的能动原则形成了婚姻合同法，然而对契约利益的任何纯粹工具性论述都没有体现出这种关切。[22]

单薄共同体

将这种对契约性共同体的紧密论述与丹尼尔·马科维茨的契约理论相比较，作为以"合作理想"为前提的"相互尊重的共同体"的缩影。[23] 这种"单薄的"共同体观念有很大的局限性，即它旨在解释自利陌生人间承诺的道德性。[24] 与其他类型的承诺一样，契约为马科维茨建立了"一种认可和尊重的关系——实际上是一种共同体——在参与其中的人之间"，而正是"这种关系的价值"，解释并证成了承诺的道德性以及合同法的合理性。[25]

这种"合作的"契约模式并不意味着"对他人利益的任何关心"，而是"对他人意图的关心，并归根结底是对他们观点的关心"[26]。在这种方法中，契约代表了参与范围相当狭窄的人之间的承诺性关系："双方共同的目的及其共同的形式都受到他们协议的特定条款的限制"[27]，因此，契约精准地适用于个人之间的公平交易协议。[28]

马科维茨特别将他的"合作理想"与麦克尼尔所关注的更紧密的、更情景化的关系区分开来。因此，马科维茨将合作排除在外，而这种合作是典型的"更紧密、更情景化的，也因此更实质社群性的"——契约性共同体，例如"在参与者之间创造信托关系的合伙企业或合资企业"或"雇佣合同"以及"其导致的可能也呈现出长期持续关系的这种实质性共同体"[29]。

他还写下了涉及组织的契约的理论。在马科维茨看来，组织——作为"纯粹的手段"——"显然不能直接参与道德理想，而合作观点就是通过此术语来解释契约性义务的"[30]。因此，他坦率地承认，合作模式无法解释涉及组织的契约，或那些组织与个人之间的契约，这些契约"提出了截然不同的问题——在道德上和实际概念上——与个人间的契约相比"[31]。

这样想来，契约的道德性"明确并阐述了一种不依赖于感情的尊重形式"[32]。但是，"尽管它们具有狭隘的形式特征"，但这种契约的"合作共同体""涉及真正的尊重，并且仍然是真正的共同体"，因为它们要求每一方"约束自己的行为，以尊重其合作伙伴对合作的看法"[33]。这样一来，"契约使那些并非紧密关系的人不再是陌生人；而违约不仅恢复了这些人先前的陌生人状态，而且还使他们积极疏远。"[34]

如前所述，虽然马科维茨承认，个人之间的这种公平交易合同并未穷尽契约世界中所有契约类型，但他坚持认为"作为一个描述性问题"，它们"在许多个人的道德和法律生活中发挥着相当重要的作用"[35]。更坚定的说，马科维茨断言，陌生人之间的契约"代表了契约的核心"。[36] 在其他地方，他详述了这一观点，写道，"契约的概念性核心仍然是离散的和自利的交换，在其中，契约区别于有时可能伴随着契约性活动的更情景化的共同体形式。"[37]

在马科维茨看来，排除麦克尼尔的紧密共同体合同以及施瓦茨和斯科特的商务合同并不会"破坏合作观点捕获契约本质的主张"[38]。那么本质是什么呢？马科维茨表示，"合同法的主要目的"是"维持个人之间的合作协议"。[39]

紧密理论及单薄理论的局限性

我们不赞同认为马科维茨和麦克尼尔已经抓住了契约的概念性核心的主张。该理由与在第 5 章中讨论的我们与施瓦茨和斯科特的分歧相似。提升个人之间的契约，并没有比给企业之间的契约以特权更具正当性。[40] 首先，这两种观点都对个人与组织之间的契约存在盲区，特别是消费者交易，其在现代生活中发挥着如此重要的作用。更笼统地说，这两种方法都通过排除过多我们常见的和最重要的缔约实践来试图构建一个一般性的契约理论。

然而，尽管基于共同体的契约理论有些过当，但我们在这些论述中发现了价值。当人们决定是否使用例如特许经营合同或商务代理合同时，这些理论有助于概念化关于人们所寻求利益的决策。在一定程度上，那种选择可以被理解为在创建单薄和紧密契约性共同体之间的决定。特许经营合同相较于类似的商务代理合同"更单薄",因为特许经营类型缺乏代理人约束委托人的能力,并且其不具备雇主责任的可能性。[41]

麦克尼尔和马科维茨有时都能体现出人们在选择缔约时想要什么。回到马科维茨,他的合作理想确实很好地描述了他所关注的契约类型,并且展示了合同法可以帮助建立的一种具有规范吸引力的关系愿景。在"涉及个人财产买卖的契约"中,甚至在"多种形式的服务买卖契约中,包括儿童和老人看护、日工以及与许多不同行业和职业相关的服务"更是如此,[42] 契约可以充当一种使人们可以"通过有意识地追求共同目标来克服孤立"的手段,通过"参与到彼此相互尊重的关系中",使他们能够"不再是陌生人"。[43]

但是,这些价值并不是具有自主性的人们能够合法追求的唯一人际理想。有时,人们会谋求麦克尼尔所设想的契约性共同体的紧密社群主义理想,而合同法可以助力实现这一理想。有时,人们想要我们在第 7 章中讨论的所谓的"无共同体"理想,许多其他契约都依赖于这种理想,尤其是消费者合同。[44] 马科维茨声称契约形式蕴含着对相对方意图和观点的认可,甚至遵守(respect)这些契约类型也可能适用该观点。但是,由于这是一项非常单薄的要求,其既不牵涉尊重,也不牵涉共同体,这种认可可能是纯粹工具性的。

* * *

基于自治的合同法应该促进所有三种替代方案(紧密的、单薄的和无共同体的),并允许人们在塑造他们生活不同领域时在这些理想中进行选择。因此,契约理论既应该采纳自治作为契约的最终价值(我们在第一部分中确立的观点),又应尊重人们从缔约中谋求的多样化、有时相互冲突的、实质性的利益，包括物质利益和人际关系利益（即我们在第二部分中阐述的）。构成要素现已全部就位，我们已经准备好在选择理论中将它们整合到一起。

第三部分

契约选择理论

第7章
契约性自由

选择理论的路线图

在确定了这些构成要素后，我们现在就可以系统呈现合同法的选择理论了。这是一幅简要的路线图。

在本章中，我们提供了一种契约性自治的自由主义观点，它将第一部分的哲学基础与我们在第二部分中阐述的契约价值联系起来。我们证明了国家对合同法的积极参与可以增加人类自由——这种说法看似违反直觉，但其实不然。通过支持类型间的多样性选择，国家不仅解决了谈判的物质性障碍，还解决了植根于个人想象力局限的社会障碍。我们通过提及一些契约类型来阐释我们的论点，主要是消费者交易合同，但也包括雇佣合同、担保合同和商务合同。

然后，第8章阐述了我们的一般理论，在概念上连贯论述了缔约的价值和利益以及它们的相互关系。虽然没有一个单一的能动原则可以体现所有缔约实践的精髓，但有一些可理解的规则可以用于指导核心价值之间的冲突。本章还讨论了随着本书展开而积累的许多潜在的反对意见和改进意见。

第9章涉及描述性层面，在此我们研发了一种分类法，以确定每个契约领域的独特主题和反复出现的困境。我们对领域的看法，有助于确保重要的人际互动有充足范围的契约类型的目标。

第 10 章对契约类型进行了更丰富的论述。我们展示了局域性的能动原则如何影响和塑造不同的契约类型。我们界定了何时一种类型将从新颖的缔约实践中产生，以及国家何时履行其提供充足范围类型的规范义务。我们还研究了限制类型内选择的条件——通过采用强制性规则或粘性默认规则——增强而不是减少自由。因此，本章在架起合同法和理论之间的桥梁的同时，也进入了规定层面。

在第 11 章中，我们通过考虑新契约类型的市场来讨论改良主义层面的问题，我们将这个问题放在第 10 章。在此，我们将通过一些例子来说明，如果合同法要在每个领域都增强自由，它就必须提供具有不同价值平衡的丰富的类型菜单。仅仅依附于当事人的意愿并不能反映出合同法的本来面目或其应有的样子。

最后，在第 12 章中，我们探讨了对选择的限制，并研究了选择理论面临的一些制度挑战。我们承认，在某些情况下，对认知、行为、结构和政治经济学的关切可能会超越选择理论对多样性的规定。此外，在其他情况下，对法律制度能力的关切可能会建议不要使用特定法律机构来贯彻多样性。最后，我们勾勒了一个针对契约类型设计的机构路径及其局限性的研究议程。

从自治到选择

正如第一部分所展示的那样，理解契约性自治的关键是将其视为一种需要被促进的利益。但在我们多样的缔约实践世界中，那种必要性意味着什么呢？这个问题的答案即引出了选择理论。用一句话来说，我们通过确保契约自由来促进契约性自治的利益——即通过支持类型之间选择的充分可用性。

从自治的政治哲学到其在合同法中发挥作用的道路，需要几个步骤。也许最简单且最直接的途径是参考约瑟夫·拉兹（Joseph Raz）的作品（取自于他的哲学作品，而非他的合同法理论，后者被证明是不准确的）。特别是，我们从拉兹的政治哲学中发展出两点，它们对契约理论特别有用：①为了自由，个人需要有意义的选择；②国家在支持有价值选项的可用性方面发挥着必要的作用。

在讨论这些观点之前，我们提出了关于国家行动的两个重要注意事项。首先，当我们提到国家增强选择的义务时，我们并不是说国家必须构思或设计新颖的契约类型。而是根据我们在第 10 章至第 12 章中阐述的条件和限制，国家可能有义务对基于少数人观点或乌托邦理论的创新做出积极回应，即使最初对这些新类型的市场需求很低，以及即使它们产生于非国家来源。

更笼统地说，我们并没有对拉兹的自由主义进行彻底解释 69 ［尽管爱好者们会注意到，我们的解读更接近于艾伦·布鲁德纳（Alan Brudner）而不是玛莎·努斯鲍姆（Martha Nussbaum）[1]］。

我们不需要也不会解决对拉兹自由主义最重要的批评，即他的观点等同于一种不正当的家长式作风形式的观点。[2] 我们在本章后面的讨论表明，无论这种批判可能对拉兹的论述有何种力量，它都不适用于专门涉及合同法中国家义务的选择理论。

领域内多样性的必要性

考虑到这些注意事项，我们转向拉兹的第一点，关于有意义的选择。我们同意他的观点，即自由要求个人能够从他们认为有价值的选项中作出选择。自治的理念——在某种程度上，人们应该是其生活的作者——不仅需要适当的心智能力和独立性，而且还需要"充足范围的选项"。[3] 要使选择有效，要使自治有意义，就必须有（在其他条件相同的情况下）"比可以选择的更有价值的选项，而且它们必须有明显不同"，这样选择就涉及了"权衡，即要求为了另一种利益而放弃某种利益"[4]。

因此，自治强调的是"个人可以自由选择大量截然不同的价值追求"[5]。反过来，追求这种自治理想的社会必须确保存在广泛范围的社会形式，"为个人选择留出足够的空间。"[6]

结果主义的自由主义契约理论——包括拉兹本人对契约的论述[7]——忽略了多样性在合同法中的关键作用，这或许是因为他们与我们在第一部分中讨论过的义务论自由主义者一样，将他们的契约观点限制于对称的、离散的公平交易。虽然那种公平交易形式是一种重要的自愿义务类型，但它并不是整个契约的充分替代。如果人们认真对待契约对自治的贡献，那么契约理论就必须颂扬契约类型的多样性，而非压制它们（作为共同主题的变体）或边缘化它们（作为稳健核心的边缘化例外）。

多样性本身是不够的。跨越契约领域的多样性有助于合同法应对契约可以保障的各种利益，但这并不足以实现选择理论所要求的。例如，商业活动的众多契约类型的可用性，并不能增加关于就业、住房或家庭方面的潜在缔约选择的选项。换句话说，即使你可以选择例如结婚、签订代理合同等，但它并不能增强自由。

对于选择乃至自治来说特别重要的是，在任何给定的契约性活动领域内的替代方案的多样性，我们称之为合同法的领域内多样性。在每个领域内，自由主义合同法必须包含针对多样化社会背景和经济功能的足够不同的契约类型，通过这种方法，法律帮助人们承担自愿义务。只有这样，丰富的条目才能使人们自由选择其目的、原则、生活形式和结社形式。

就业与消费者

考虑几个例子，在这些例子中，我们的理论建议在类型之间作出比法律目前提供的更多的选择：

1. 就业类型。 首先，人们通常应该能够选择他们签订的劳动合同类型。（我们之所以说"通常"是因为在某些市场结构中，多样性可能会减少选择，尤其是对于最弱势的工人来说，我们在第 12 章中阐述了这一重要注意事项；而且我们的讨论仅限于劳动合同，这有别于与就业相关的某些社会效益。）如今，法律为个人提供了两种类型：他们可以作为独立缔约方或雇员工作。

但个人无法轻易选择参与哪种类型。目前，将当事人关系划分为雇主/雇员还是雇主/独立缔约方被认为是由法官或陪审团根据"经济现实"来决定的问题，而当事人对其关系的定性并不具有控制性。[8] 从形式上讲，法律提及了一长串不详尽的标准，而这些标准意味着在刻画这种关系时，存在重要的临时事后自由裁量权。这种自由裁量权似乎排除或至少阻碍了当事人的事前规划。[9]

但事实证明，现行法律是合理可预测的，以至于通过仔细规划，经过充分咨询的当事人通常可以制定他们的安排，以便根据他们相互期望的类型进行分类。[10] 例如，一家硅谷的初创公司要求其司机永远不要穿印有公司标志的 T 恤，因为该公司认为这将帮助他们避免以后对他们打算成为"独立缔约方"劳动力的司法重新分类。[11]

选择理论领域内多样性的必要性意味着，选择就业类型的自由应该被简化和正式化，这样它就会变得有意义地可行，而不仅仅是对有充分咨询的当事人——有适当的保障措施，以使最弱势的工人不会被系统地贬入最不利的类型。这些保障措施并不是对选择理论的外部强加，而是——正如我们在第 8 章讨论关系平等时所解释的那样——该理论基本规范认同的必要内涵。

此外，选择理论并不只是建议在现有类型中进行更自由的选择。随着我们从工业经济转向信息和"共享"经济，工作的性质正在迅速变化。如果认为刚才讨论的两种现有类型会穷尽自由雇主和雇员可能更喜欢的典型契约性安排，那就太令人意外了。因此，选择理论还提出了对新兴就业类型的支持。（我们将这一点，即"新类型的市场"推迟到第 11 章再讨论，因为它利用了我们尚未介绍的选择理论的要素。）

2. 消费品的购买。作为第二个例子，我们的方法表明，在某些情况下，人们可以选择在消费者交易法保护下购买商品，或选择使用销售法。我们认识到，在大多数司法管辖区内，消费者保护原则作为强制性规则至少适用于商人/消费者交易，[12] 因此销售法只能管辖非商人卖家（即业余卖家）和商业交易（即企业之间的交易）情形。但我们对这种僵硬的二元划分并不完全满意。

就这种源于公共政策关切的划分而言——涉及可放弃性可能引发的集体行动问题，[13]——我们不反对（与我们在第 5 章中允许"外部价值"在达到足够高的门槛时塑造合同法是一致的）。但是，在没有适用这种外部影响的地方，消费品卖方和买方应有替代路线，这样消费者合同类型的可用性就确实会增加选项，而不仅仅是重新配置现有选择。

例如，我们赞成马萨诸塞州的规则，即受该州消费者法保护的企业购买者可以放弃他们的权利，即使个人购买者不能这么做。[14] 此外，我们支持德克萨斯州对"并不处于明显不同谈判地位的"、接受过充分咨询的个人书面并签署的弃权声明的考虑。[15]

我们还可以举出大量的例子，但我们已经指出要点：契约类型的多样性是契约性自治的必要条件，但它绝不是充分的（因为在许多情况下，我们也需要关注选择的质量）。合同法的制定者必须对扩大选择的机会保持警觉，如德克萨斯州和马

72　萨诸塞州的规定，并进一步探索如何使这些合适的可能性广泛施行，而不像在就业背景中那样，只对成熟的当事人保持可行。

虽然先前的理论正确地关注了在特定契约内谈判条款的自由，但他们却忽略了自由在跨越契约类型中所发挥的作用。

国家增强选择的义务

正如我们所提到的，拉兹本人对契约的论述与其他基于自治的契约理论家的论述一样忽略了法律在提供选择方面的生成作用。[16] 但是，一个对他在政治哲学中广为传颂的洞察的新见解——关于国家确保选择的责任——有助于弥补这一缺陷，并强调法律对契约的关键作用。

拉兹首先指出了，有自治权的人们应该能够从中选择有价值的人类利益的多样性以及这些利益的独特基本价值。他认为，鉴于这种多样性，国家必须认可一套足够多样化的强大框架，以供人们安排他们的生活。[17] 但是，国家促进多元性（diversity）和多样性（multiplicity）的义务不能通过对法律不干涉或被动方式来正确地实现。为什么呢？因为这种态度"会破坏我们文化中许多珍贵方面的生存机会"。[18] 因此，对个人自治的认同要求自由开化的国家通过其法律，通过为他们提供选项的多样性，从而更积极主动地"使个人能够追求利益的正当概念"。[19]

这一重要义务与合同法有关。正如斯蒂芬·史密斯（Stephen Smith）所指出的那样，合同法通过扩大"个人可选择的选项范围"，增加了"自主行动的可能性"，从而在承担自愿义务的实践中发挥了至关重要的作用。[20] 虽然很难定义"什么构成了'充足范围的选项'"（我们将在第 10 章讨论这个问题），但似乎合理的是，至少"在没有合同法的社会中存在的选项范围有时是不充足的"，而且"合同法使得原本不可得的选项成为可能"。[21]

法律的不可或缺的作用

更具体地说，法律在使契约性选项变得可能方面发挥着不可或缺的作用，这可以跨越契约类型的广泛光谱得到证明，范围从与陌生人的纯粹工具性交易——我们称之为"无共同体"合同——到紧密的社群主义的契约类型。

1. 消费者交易。消费者交易对我们来说是一种"无共同体"合同的有益类型，因为它们阐述了选择理论的许多独特特征。多里·基梅尔（Dori Kimel）对契约的论述隐含地将消费者交易置于合同法的核心。虽然我们反对这种（以及任何其他）本质化策略，但我们同意这些交易是一个值得关注的大类别。（由于消费者交易在我们的理论中处于中心地位，故我们在此提及它们，并在本章后部分以及第 8 章中再次回到它们。）

基梅尔认为，契约的内在价值在于"个人超然的价值"，即"与他人一起做某事"的价值，既"在既有关系的背景之外"，又"没有对这种关系的未来前景作出承诺"。[22] 正如他所解释的那样，超然"作为对（先前存在的、未来的）个人关系的依赖的替代方案"是有价值的。"而且契约作为一种实践

73

也是有价值的，就一定范围的活动而言，它恰恰促进了这种选择。"[23]

尽管被夸大了，但基梅尔对超然的关注有助于证明契约对积极的法律支持的需求。法律对于消费者交易的可能性确实至关重要——在我们看来，这种典范的契约类型回应了基梅尔对基于超然的、自治增强的契约的论述。（请注意，我们这里提及的一般"法律"而非"合同法"是有意为之：虽然合同法在使消费者交易成为一种可行的自治增强的替代方案方面可以发挥重要作用，但其他具有监管性质的法律体系对于这项任务来说也很重要。[24]）

2. 商业合同。除了使消费者交易成为可能（这是匿名缔约方面的一个重要子集）之外，积极的合同法方法（不仅仅是被动执行当事人的交易）对于支持契约至关重要，即使在商业背景中也是如此。

正如施瓦茨和斯科特所承认的那样，法律促进对于他们所涉及的某些商务合同是不可或缺的，尽管这些合同是公司间的纯粹工具性交易。在这些商务合同中，法律在两类重要情况下至关重要：其一，"在动荡的市场中，当一方不履行可能威胁到其契约伙伴的生存时"；其二，"如果一方或双方进行特定关系投资，当契约性盈余将被最大化时。"[25]

3. 基于"关系"的契约。在麦克尼尔的"关系"合同中积极的合同法也同样重要，它有助于促进基于信任的人际关系。尽管社会规范、道德承诺和声誉关切驱动了当事人行为，但不干涉政策和对契约自由的尽量少干预（自由论者的）的态度几乎不足以克服长期合作中的普遍困难。

74

在所有这些情况下，契约的各种障碍都普遍存在——信息成本（对称和非对称）、认知偏差、双边垄断、机会主义行为的升高风险，以及其他交易成本（广义上的）。[26] 仅仅执行当事人表达的意图并不足以克服此种努力的固有风险。合同法提供的背景保证有助于促进对成功至关重要的信任。即使在很少援引法律的情况下——比如在"紧密共同体"合同的背景下——它的积极参与很可能是使这些具有挑战性的人际关系类型可行的必要条件。[27]

在一系列缔约领域中，对契约性自治的自由主义认同要求法律的积极参与。保障缔约的障碍往往取决于特定契约类型的具体特征，因此每种类型都需要法律促进。总的来说，人们可以根据他们的特殊需求和境况进一步定制他们的契约。但在大多数情况下，这些完善是建立在现成的法律框架之上的，该框架已经解决了他们可能不得不面对的许多困难。

简而言之，许多有价值的人际互动形式只有在法律的事先积极支持下才变得可行。在将他们的自由应用于特定契约中之前，人们需要依赖法律对跨越契约类型的自由的支持。

契约类型与文化

我们刚刚讨论了法律促进的多样化契约类型是如何帮助克服各种谈判障碍的。但是，除了这种物质影响外，法律的契约类型清单还以一种更加深刻、尽管微妙的方式影响着我们的缔约实践。

为了理解这种效果，请考虑在这些概念尚未形成的背景中，将其契约塑造为例如保管合同、担保合同或信托合同之一的当事人所面临的困难。制定能够复刻我们对于这些契约类型的常规设计的条款无疑相当复杂，因此，在许多情况下，类似于先前讨论的交易成本会抑制此类契约。

但是，这一物质性方面并不能完全体现此类当事人所面临75的困难。对我们来说，受委托人、担保人或受信托人的概念具有核心的传统含义，使它们在文化上可以成为可能的缔约模式。如果没有这些总的来说是（至少在现代）合法建构的显著的含义，这些当事人可能甚至还达不到面对谈判障碍的阶段，因为他们可能面临一个初步的障碍，即想象的障碍。

相比之下，一旦契约类型的"特征"或其存在理由获得广泛的社会和文化认可，大多数人在例如参与担保、购买保险、进行消费者交易、租赁公寓或开始新工作时，大致会知道自己将进入什么状态。[28] 当我们在上面提及"大致"时，我们承认合同法与其普遍理解之间的对应关系远非完美。在某些情况下，这些差距会涉及契约类型的核心特征（我们将在第11章讨论这个问题）。但在大多数时候，这些差距与细节有关，因此不会对我们的主张构成重大挑战。

一旦被选定，合同法采用的显著类别就会影响人们对其自身关系的构成类别的偏好。[29] 在更笼统地解释这一现象时，一位评论家认为，"今天的个人自由与其说是角色创造的自由，不如说是一种""在国家创建和保障的立场和行为标准中进行选择的自由"。[30] 一旦选择了某种角色，其"角色预期"就会"通过两种方式影响选择的个人：其一，通过将其行为预期内在化的心理行动，这些预期被认为是正确和公正的；其二，通过一种积极或消极的制裁制度"。[31]

老式的"契约自由"并不承认这些角色。定制条款的自由虽然重要，但并不能巩固预期或表达关于我们基本人际关系类别的共同规范理想。

考虑一下担保的例子。担保是一种复杂的契约类型，是美国《合同重述》全面探讨的主题。[32] 担保人是不可避免的法制建设的产物，其有别于例如受信托人或受委托人。但是，保证人的概念——如果其他人没有这样做，则承担了替代他人支付（或履行）责任的义务的某人[33]——已被广泛认可。许多人知道（模糊地知道，可以肯定的是）它意味着什么；有时他们甚至知道它的一些基本规则，例如被要求支付或履行的保证人向主要债务人追偿的权利。[34]

从现有的威利斯顿式契约理论范式角度来看，诸如此类的规则是"一般"法律中的缺陷，或是需要被合理化或消除的怪异之处。[35] 选择理论提供了不同的视角：这些规则应该被看作是每种契约类型用来反映和帮助进一步灌输对理想当事人关系广泛的共同理解的工具——在这种语境下指的是担保关系。

因此，人们可以援引这种契约类型作为促进交易的手段，否则这些交易会由于主要债务人的履行能力令人怀疑而风险太大。[36] 事实上，正是因为契约类型——就像我们更笼统的私法范畴一样——倾向于融入我们的真实环境，它们有助于构建我们的日常互动。[37] 因此，当合同法为我们提供了多种契约类型时，它通过巩固人们对他们自己和对他人的期望，参与了仍在进行的稳定人际互动类别的社会生产。在这一点上，法律扩大了我们可用的有价值的选项的范围。

请注意，合同法不可能在当事人可能追求的每种独特安排中都发挥这种表达和文化作用。当然，一个致力于人们自决的自由主义制度必须面对其他的、有时甚至更为紧迫的义务，包括在他们生活的其他（非契约）方面提供选择多样性，以及提供使个人能够作出自主选择所需的最低限度的社会经济条件（或能力）。因此，我们不会将合同法的构成义务置于所有其他国家义务之上。

相反，我们认为，只要国家投资于合同法——它的确也是这样做的——它就必须着眼于其核心的增强选择的义务，包括它通过提供有价值的契约类型所能发挥的构成作用。事实上，法律能够、应该而且在某种程度上已经就有限数量的人际关系安排的核心类型发挥了这一功能。

契约类型与规制

在本章中，我们论证了合同法，通过构建丰富多样的类型发挥了不可或缺的自治增强作用——它促进了我们合法招募他人参与各种计划的能力，无论是功利主义的还是社群主义的。但是，我们已经说过（或将要说）的一切都不意味着合同法总能独自完成，或甚至通常可以独自完成这项工作。事实上，为了让它们蓬勃发展，我们在这几页中讨论的许多契约类型都需要某些监管支持。

请注意，我们所说的"规制"，并不是一个涵盖立法或行政机构所有产物的宽泛的定义。这种宽泛的观点意味着，根据定义，合同法只能由"法官制定"，而我们的观点并非如此。

合同法可以由法官、立法者或行政人员制定。由哪个国家机构制定合同法完全是视情况而定的，并且随着不同的法律体系和时期而异。在许多欧洲（和其他）国家，合同法是民法典的一部分。如今，在美国，大部分合同法不再由法官制定（回想一下《统一商法典》的兴起）。因此，当我们提到"规制"时，我们指的是更局限的东西：国家提供了一些管理机构，旨在促进直接管辖当事人关系的合同法的主要规则（无论是法官制定的还是其他）。

考虑一下保险合同的情形。法院试图制定一套能够关注到保险合同独特特征的规则。他们可能通过建立在解释不利（*contra proferentem*）规则以及对投保人"合理期望"的定制调查的基础上，研制出一种新契约类型。[38] 但这一过程最终导致了一个"混乱"的制度，其典型特征是"不可预测的决定"和纯粹的"司法错误"。[39] 罗纳德·吉尔森（Ronald Gilson）、查尔斯·萨贝尔（Charles Sabel）和罗伯特·斯科特将这一令人失望的失败归咎于必须面对复杂市场的通才法院的机构局限性。[40] 因此，他们令人信服地指出，法院可以采用一种更有成效的策略，即利用"他们的行政复议权去诱导监管者寻求对保险条款和保单的阐明"[41]。

事实上，当代缔约许多领域的复杂性往往需要私法和监管措施的混合。让我们再次回到消费者交易。在我们的日常生活中，我们大多数人每天都会使用这种契约类型。消费者合同法包括一套处理披露、撤销和保证等问题的专门规则。[42] 这一类型的这些独特特征在使消费者合同可行方面发挥着至关重要的作用。但是，消费者保护法不仅包括直接适用于互动当事人的契约规则，它还包括在州和联邦层面进行管理的浓重的其他监管措施，并随不同的国内制度而有所不同。

例如，在美国，各州的"不公平和欺骗性实践法案"或类似立法对各种类型的误导性声明和陈述以及其他欺骗性行为和实践进行了监管。[43] 除了确立私人诉讼权外，此类法律还委托政府官员——通常是州检察长办公室，但在某些情况下也可能是市县层级的消费者保护办公室——以权力来管理和执行这些规则。[44]

同样，联邦贸易委员会（Federal Trade Commission）在监管消费者交易方面也相当积极，例如，在误导性广告、强制性或欺骗性销售术以及利用年轻人、老年人或体弱多病者的轻信的营销活动等领域采取行动。[45] 此外，还有其他联邦机构（有时是州级的职务相当的机构），例如食品和药物管理局（Food and Drug Administration）和最近成立的消费者金融保护局（Consumer Financial Protection Bureau），[46] 它们同样以对消费者也至关重要的方式监管特定的行业。

这些机构以及许多其他管理机构——想想反垄断、证券监管以及信贷和债务催收的监管[47]——试图解决在交易层面难以处理的系统性市场失灵问题。[48] 它们还为安全市场提供了（当它们运行良好时）基础设施，在此有效的选择可以被作出。[49] 通过这种方式，这些管理机构履行了国家促进我们私人互动的责任。

尽管这些监管制度很重要，但它们是对消费者交易契约规则的补足和增补而非替代。与消费者交易一样，自愿义务的其他核心领域将契约类型的私法与公共监管支持相结合。

＊　＊　＊

"契约自由"代表着合同法对人们可以从中选择的多样化契约类型的文化生产的参与。因此,契约类型的多样性既不是被协调到"一般"合同法中的人造物,也不是通过引用某些一般契约原则来解释的。法律所构建的一系列契约类型积极地支持了人们以一种他们可能不会讨价还价的方式寻求其利益观念的能力——有时,可能甚至不会考虑——如果他们被默认为典型的商业合同。[50]

例如,与担保的显著性相比,考虑一下"依赖型缔约方"的文化缺位,这种就业类型在美国(尚)不存在,但其可能占据独立缔约方和雇员之间的空间。[51] 法院、立法者和学者正开始探索这种被遗漏的契约类型。但就目前而言,数百万已经在新经济中扮演这种间隙角色的人,仍然受困于不符合他们需求的雇佣合同中。

总之,确保有价值的契约类型的充足多样性是致力于人类自由的合同法制度的核心特征、益处,以及事实上的义务。

第8章
契约价值之间如何关联

依赖于多种价值的法学理论必须解决它们之间如何相互关联的问题。由于我们所援引的价值——自治、效用和共同体——常常被视为竞争对手，因此我们的理论在这一价值竞技场上背负着沉重的负担。本章的主要任务是说明契约选择理论消除了这些明显冲突中的一些，并为解决其他冲突提供了重要的指导。

除此之外，本章还回答了一些因在研究中突然出现而被我们推迟讨论的概念性挑战。现在，我们已经准备好了足够的选择理论要素，来解决价值之间的水平共存、纵向影响（包括将自愿性作为契约价值的作用、独立缔约的剩余类别、自治如何作为附带约束发挥作用以及关系平等）、中立性的挑战，以及最后但并非不重要的是，选择理论对经济学分析的影响等问题。

水平共存

解决核心价值之间冲突的关键在于赋予每个价值以适当的角色。正如我们在第4章中所解释的，自治是契约的最终价值，也是国家提供有意义的契约类型多样性义务的来源。但自治并不是个人签订契约的原因，因此它不能成为契约的唯一价值。效用和共同体是契约的工具价值。共同体甚至可能具有内在价值，在某种程度上，它构成了某些契约类型增强自治的潜力。

通常，效用和共同体是相辅相成的。这是因为人际资本促进了信任，而信任反过来又导致了经济成功，而经济成功往往会加强信任和相互责任。[1] 但有时，契约的潜在利益会朝不同方向发展。效用和共同体可能会发生冲突。那接下来会怎样？

合同法不能总是帮助人们获得竞争性利益。自治友好型合同法的工作不应是决定哪种价值更重要或如何平衡它们。相反，合同法应该支持多种契约类型，为每种契约类型都提供独特的利益平衡，以便当事人可以选择他们最喜欢的平衡。[2] 在这方面，选择理论支持"水平共存"，即合同法增扩而非公断选择的义务。

消费者合同、紧密共同体合同、商务合同——所有这些都同样支持人类活动的基本类型；然而，每种都对自主的人们可能寻求的不同价值做出了回应。这意味着，效用和共同体的适当位置并不在使整个合同法具有生命力的层面上。相反，它们是支持人们多样化追求和利益的不同契约类型的组成部分，无论是他们的人际关系、他们共同物质盈余的最大化，还是在这些两极之间的许多排列。只有足够丰富的契约类型条目，才能恰当地促进人们选择和修改他们各种努力和互动的能力。

如果合同法要兑现其增强自治的承诺，它就必须促进人们追求契约所能带来的功利主义和社群主义利益的能力。因此，我们的分工并不意味着效用和共同体对契约而言不重要。如果契约的大部分价值来自在类型之间作出选择的自由，以及如果塑造这些类型的最重要的价值是效用和共同体，那么这些价值对于合同法来说绝对至关重要。

然而，我们认为，契约中的效用和共同体价值既不是根本性的，也不是独立存在的，而是源于它们服务当事人自主追求其目标的方式。因此，在下一节中，我们将阐述我们刚刚讨论过的"水平共存"，在接下来的四节中，我们将研究我们主张的自治是契约最终价值的"纵向影响"，而效用和共同体则是基于自治的合同法通常有助于保障的利益。

消费者交易的再审视

将效用和共同体置于自治规则之下，有助于解释先前整体契约理论在哪里误入歧途。有时，人们可能不愿意获得某些在其他情况下看似必要的利益。在这种情况下，一部增强自治的合同法将在他们所处的境况下满足他们的需要。考虑一下共同体的利益。

麦克尼尔正确地强调了多样化契约的普遍性和重要性，其中，人际合作是至关重要的。但是，在同样重要的缔约领域，他所颂扬的社群主义利益是无关紧要的，至少对于大多数当事人来说是这样的。例如，回顾一下马科维茨讨论的单薄共同体或施瓦茨和斯科特设法解决的组织间合同。

更直接地说，考虑一下主要供个人使用的相对便宜的商品或服务的消费者交易。在这一重要的缔约领域，消费者（通常）对与商家的个人关系不感兴趣，并且不想对条款争论不

81

休，或不想花费努力对契约条款有最低限度的熟悉。事实上，只要法律帮助人们进行这种快速、匿名和安全的交易，他们就能将时间和注意力集中在其他——更有价值（对他们而言）[3]——的计划上[4]，个人自治就会被增强。

这种"无共同体"认同可以解释和证成消费者合同法的一些最显著的特征，特别是提供给消费者某些撤销权和保证权的规则，这些规则远远超出了"古典"合同法所预期的保护措施。[5] 法经济学家通过行为经济学的视角研究（并争论）了这些不对称规则的可取性。[6] 而我们的视角则有所不同。

我们关注的是这些交易在典型当事人生活中发挥的独特作用。更具体地说，仅对像差使一样的一方当事人（消费者）来说，如果契约要忠于它对作为自决的自治的最终规范性认同，那么他们的摩擦就需要被最小化。巩固消费者合同的这种"差使概念"有助于将它的文化意义与"谈判达成的协议"的文化意义区分开来。这将是一项重要成就。首先，它将有助于合理化人们在作为消费者时所拥有的随之而来的权利。其次，它将产生令人满意的副作用，即防止公司利用（或滥用）消费者的错误观念，即仅仅因为是看似正式契约的一方当事人，就要在道德上必须遵守而不是质疑那些"建立在不稳固的法律基础上"的不利条件。[7]

这一论述建立在调查消费者的偏好满意度是如何有助于其自治的重要性之上，而这反过来又要求将其置于消费者的生活故事中（从而揭示交易的典型性、差使性特征）。在采取这一步骤时，我们背离了对消费者合同的经济学分析，这种背离附随于我们对界定不充分的效率理论的一般性批评。[8] 与这些理论形成鲜明对比的是，我们的理论发现，偏好满足（这里是对消费者而言，但在更普遍的意义上也是如此）之所以重要，并不是因为它本身，而是因为它对我们自治做出的贡献。

我们对消费者合同的创新解释是绝对摒弃历史的，这与我们在引言中讨论的解释方法是一致的。历史性论述可以追溯这种类型在很大程度上是如何由限制古典契约自由的家长式监管所造成的。[9] 尽管如此，从最优角度来看，我们可以说这种契约类型总体上增强了自由，因为它很可能扩大了买方的自治，而不是降低了卖方的自治（卖方通常是无权拥有自治的组织）。[10]

但是，存在一系列情况，消费者保护规则自治减少的影响可能占主导地位：有些人可能会发现某些消费者交易本身就是自我实现的体验——他们只是喜欢购物。这就是为什么我们在第 7 章中倡导，消费者合同法应当在消费者交易不施加高昂代价的外部影响的情况下提供可行的替代类型。[11] 如果替代方案是可行的——比如我们提到的马萨诸塞州和德克萨斯州的选项——那么消费者合同类型就增加了一种选项，而不仅局限于现有的选项。然后，消费者可以在"原样"缔约的"露天市场"或"集市"模式以及消费者保护法的"差使"模式之间作出其（个人）选择。

现在，我们从水平共存转向选择理论的纵向影响。我们依次考虑：①自愿性；②剩余缔约；③附带约束；④关系平等。我们从自愿性开始。

作为共同特征的自愿性

正如拉兹所说，选择理论对自决的最终认同意味着法律应负责"为自主生活创造条件，主要通过保证所有人都能获得充足范围的多样化和有价值的选项"[12]。但是，由于自治显然"与任何强加于人们的道德性见解都是不相容的"，因此它必须止步于此，并"让个人自由地过上他们想要的生活"。[13] 这一前提意味着，契约是——而且应该仍然是——一种自愿的义务。人们不得被强行推动寻求契约的潜在效用或共同体利益。

可以肯定的是，自愿性可能偶然地有利于效率和共同体。但是，可能存在这种偶然联系不适用的（其他类别的）情况。在这些情况下（甚至）坚持自愿性证明了自治的特权地位。举例来说，这意味着当事人主权不仅仅是保障社会资源有效配置的工具。[14]

这种自愿性主张是"免于契约"的自由主义认同基础，[15] 它构成了原本多相的合同法领域的公分母。虽然认同是统一的，但确保自愿性的理论手段却千差万别：除了像要约与承诺以及胁迫等理论之外，想想我们熟悉的普通法的对例如对价或书面[16] 等手续的诉诸，或者关于大陆法中对契约意向的要求。[17] 不同的强调自由的法律体系会在这些清单中进行挑选和选择或定制其他工具。

通常，如果在契约类型的层面上进行，而不是在"一般"合同法的全面层面上进行，那么在许多这些工具中的选择会得到更好的处理——此举将使自愿性受到类型的能动原则的影响。(这一点不仅适用于自愿性,也适用于其他"一般"合同理论,例如欺诈和显失公平,其适用因语境而异。[18])选择理论建议我们通过局域实施来确保一般原则的合理性。

选择理论还建议在思考自愿性时再进一层:在不同契约领域中,自愿性概念本身甚至可能具有不同含义。例如,学者提出,并且选择理论会支持,在更多的人际关系背景中应放宽口头证据规则,而在高价值的公司交易中,当事人从事前确定性中获益更多,也更有可能确保契约是他们意向的充分表达,故该规则应被严格执行。[19]或者,我们可以改变关于当事人在不同情况下受约束意向的默认规则,例如初步缔约或配偶承诺。[20]最后,我们对消费者合同的"差使"概念意味着,在这种情况下,通过确保非谈判条款符合(或超出)消费者的典型预期来保障自愿性(在这种情况下,将批准归于消费者并不比将批准归于不了解汽车机械特征的汽车购买者更令人反感)。

尽管在类型层面上的定制具有这种价值,但对自治的共同全面认同意味着对自愿性的超实质关切(这一观点与里普斯坦对"统一意志"[21]的论述相一致),特别是考虑到客观的契约理论对这一价值提出的挑战。

独立缔约的剩余类别

84

契约选择理论不能仅仅满足于提供丰富多样化的契约类型。除此以外,它还必须提供一个独立缔约的剩余类别,允许个人拒绝国家青睐的互动形式,并自行决定如何塑造他们的人际互动。[23]

这一点在大多数大陆法系中都被恰当地普遍认可，其中契约类型——或所谓"有名"合同——发挥着相当重要的作用（正如我们所说的它们应该这样）。虽然法院倾向于通过寻求将契约归类到现有契约类型分类中，来开始对契约进行法律分析，但他们很谨慎地避免将这一清单视为全面的，因此既承认（跨越契约类型的）"混合合同"，又承认"无名"合同或非典型合同。[24]

人们能够在任何熟悉的契约类型之外"发明"私人缔约形式，这似乎是自由所不可或缺的（一种将契约与财产区分开来的自由[25]）。管辖此类剩余缔约的法律在制定时应考虑到这一目的，而不是附随于威利斯顿计划所设想的默认的商业合同。

事实上，能够作为这种解放性手段的剩余合同法很可能与目前所谓的"一般"合同法大相径庭。[26] 我们在这里的想法必然是初步的和推测性的。在我们看来，这样的剩余合同法应该尽可能地对独特选择开放，并因此可以说是"更空洞的"。

认真对待特质的义务可能意味着，与其设置多数主义的默认，剩余合同法不如努力摒弃这种传统的偏见指导，也因此应该提供清单，允许人们勾选选项或自己写入。毫无疑问，这种精心定制是繁琐的，也因此在许多（甚至大多数）情况下可能确实不具有吸引力。但它也有其优点。除了从自治增强角度来看其重要性之外，要求当事人就其交易的所有（或大部分）方面达成明确协议的剩余契约类型，可能倾向于加强当事人对契约的认同，而不管金钱性后果。[27]

作为附带约束的自治

虽然自治通常征募共同体和效用来塑造自决所需的多种契约类型，但这些价值并不总是与之吻合。在任何特定类型中，作为对契约最终认同的自治的作用意味着，当其与契约的其他价值发生冲突时，它通常应该优先。因此，在我们的理论中，除了自治的促进作用外，当自治作为"附带约束"发挥作用时，它还承担着独立的保护作用。[28]

通常，促进契约的其他价值——效用、共同体或两者的融合——不会与自治的最终价值相冲突，而且确实会提升自治的最终价值。但在某些情况下，促进契约利益可能会破坏其自治存在的理由。例如，社群主义的忠诚要求对契约当事人的退出施加了过度限制——即限制承诺者改变主意的自由——可能会与当事人自治发生冲突。[29] 同样，消费者与组织间的有效契约也可能出现价值冲突，这是因为组织与消费者不同，组织没有独立的权利拥有自治。[30] 在许多此类冲突中，契约所致力的共同体和效用应让位于最能促进契约最终价值的规则。

因此，自治作为附带约束的概念，其可能是许多原本令人困惑的合同法原则最连贯合理的解释。例如，它证成了对雇员竞争限制协议可执行性的某些限制，[31] 以及对未来工资预支的限制。[32] 它有助于解释长期合同的单方终止权，这种权利是部分不可让渡的（semi-inalienable），至少在某些契约类型方面是这样的。[33]

我们并不是说自治直接且必然地胜过效用或共同体。相反，我们的方法可能需要探索（至少）两种替代性对策。因此，这可能意味着我们首先应试图通过更紧密地关注效用或共同体价值对人们自治的意义来解决这种冲突。[34] 正如常见的契约限制了某人在自我创作方面的未来选择一样，某些以效用或共同体为导向的契约类型的活力可能需要限制某些未来选择；而且，只要对这种在人们自决方面进行限制的总体影响的（当然是成熟的）分析，表明这种影响是积极的，那么自治的不可比拟的更高地位并不构成重大困难。

然而，其他冲突是真实的、根本性的，甚至可能需要某些（看似不可能的）权衡。接下来，我们转向第二种对策。在大多数情况下，自治应当优先。但我们认识到，（在相当罕见的情况下，我们假定）这一推定可能会被推翻，但当且仅当效用或契约的共同体利益成本超过足够高的门槛时。[35] 我们不能指望在此完全解决这些价值不可比性的挑战，所以现在我们只是标出这一关切，并指出其对自由主义契约理论的影响似乎并不比对一般法学理论的影响更难以处理。[36]

关系平等

86

自治作为契约最终价值的第四个也是最后一个影响同样是相当复杂的，在此只能尝试解决。

1. 实质平等与形式平等。这一点可以简明扼要地表述：合同法——就像更一般的私法——应该以实质平等而非形式平等作为指导。[37] 如果契约是为了服务于人们的自决，而不仅仅是他们的（康德式的）独立性，那么合同法就不能像通常所描绘的那样，依赖于一种形式上的平等概念，这种概念试图抽象出一个人区别于另一个人的特殊特征。

更确切地说，尊重彼此的独立性并不要求对任何个人特征的任何考虑——它仅仅是规定了一种消极的不干涉的义务。相比之下，如果不关注我们的独特特征，那么对自决的重视就是空洞的，而正是这些特征造就了我们真正的自己。

事实上，对当事人自治的相互尊重要求我们将当事人不仅仅视为一般人类选择能力的承载者。此外，我们还必须在某种程度上适应个人品质，这是互动双方有意义地承认彼此是自由和平等的人所必需的。这种平等观是实质性的，而不仅是形式上的。

我们承认合同法的一个重要子集——包括施瓦茨和斯科特以及马科维茨所强调的领域——在其中，形式平等是考量到所有因素的事态的最佳代表，在这种事态下，参与者或多或少都处于实质平等的关系中。但是，当契约理论家们利用这种一致性来支持形式平等确实是特定背景下或一般情况下契约的基础理想这一主张时，他们就夸大了这一言论的影响。[38] 这种推断并不成立。

合同法应用了许多教义，这些教义的基本组织思想是排除那些缔约和守约能力低于一定参与门槛的人。这些教义中有一些采取了绝对的形式——例如，未成年人不具备作出可执行承诺的法律人格。[39] 其他教义，如不正当影响，则不那么严格，但尽管如此，还是基于担心其中一方当事人没有足够能力作出并接受契约承诺而对某些交易显示出强烈反对。[40]

最能明显体现这种关切的教义是显失公平，[41] 根据该教义，

合同法应保护弱势方（通常，"穷人"[42] 或"虚弱、困窘和考 87
虑不周的人"[43]）如果：①他或她只能行使形式上的选择而非
"有意义的"选择，②契约条款不合理地偏袒另一方。[44]

此外，特别容易受到滥用关系平等影响的契约类型——管
辖就业和房地产交易的法律的重要子集——到目前为止，以专
门解决这些实质性关切的详尽的调和原则为典型。更宽泛地解
释，这些契约类型不仅仅被注入外部（宪法）的反歧视关切，
还贯彻了对关系平等的（合同法的）内部认同。[45]

2. 就业领域。契约对关系平等的认同也是劳动法（即处理
集体雇佣形式的法律）的本质。正如《瓦格纳法案》（Wagner
Act）的引言部分明确指出的那样，允许工会蓬勃发展的目的
是解决"不拥有完全结社自由或实际契约自由的雇员，与以
公司或其他所有制协会形式组织的雇主之间的谈判能力不平
等"[46]。劳动法试图通过给雇员以集体谈判的机会来解决这种
不平等，从而使他们与其雇主处于更加平等的地位——其目标
是让他们由此产生的契约体现出对选择而言必不可少的自
愿性。[47]

人们可能会担心，仅仅存在工人工会化的可能性并不足以
满足就业中关系平等的关切，为了区分契约制和征服制，个性
化缔约应被实际废除。[48] 但这种担忧被夸大了。虽然现行劳动
法可能无法完全成功地平衡雇主与雇员之间的谈判能力，但雇
员个人的——无论是否加入工会——谈判能力在劳动法的庇护
下产生了重大积极影响。[49] 只要工会化仍是一种现实的可能性，
对非工会雇员合同而言就可能低于劳动法保护的预期。[50]

为了让劳动法以这种方式发挥作用——支持工会和非工会

雇员的关系平等——工会应该能够谈判达成所谓的"工会代理制"合同，要求雇员支付工会会费作为雇佣条件。在某种程度上，一些州的"工作权"法律现在禁止工会代理制，[51] 这些法律限制了工会和非工会雇员的契约性自由。此外，更重要的是，工会代理制并没有有意地减少个人自治。它导致了必须支付会费的雇员的钱事先减少，以换取更高的工资和利益以及更好的工作条件。[52] 即使假设有些雇员不愿意成为工会代理制条款的第三方受益人，充足的契约类型多样性也应该授权雇员去寻找拥有理想工会协议的雇主。正如我们在第 10 章中所论述的，强制性规则在被需要用来维持领域内多样性的可行性时，尤为正当。

事实上，所有这些教义和类型——以及法院使用的其他更隐蔽的手段[53]——限制了对实质平等（必需的）认同与（实际）使用形式平等作为不完美替代物之间的被允许的差距。[54] 不可否认，法院和立法机构经常对这些保护性教义和类型采用过于限定性的理解——也许是因为他们还没有完全内化契约性自治所必需的关系平等观。然而，这些缓冲的意义是结构性的：它们防止了将缔约当事人视为形式平等的过度行为。换句话说，它们为合同法的载体创造了机会，使原本形式上平等的独立理想变成了以这些缓冲与实质平等的（松散的）兼容为条件的理想。[55]

至此，我们结束了对纵向影响的讨论——认真对待自治是契约最终价值这一观点意味着什么，以至于其他价值必须（通常）让位。但是我们还没有彻底解决价值冲突的问题。

中立性挑战

有些读者可能会担心，选择理论实际上背叛了我们的自由主义认同，而不是为它们服务。根据这种观点，我们的方法违背了"国家中立规则"，既在于它认可了自决是契约的最终价值，又在于其给予了有限的、尽管并非微不足道数量的契约类型以特权。这种批评混合提及了具体中立性（"作为正义的一阶原则的中立性"），以及理由中立性（"作为正当性的二阶原则的中立性"）。[56]

首先考虑具体中立性的挑战。一个更加中立的制度——平等地支持人们可能想采取的所有可能安排的制度——对于促进人们选择和修改其各种努力和关系的能力的任务来说，难道不是更好吗？而且，关注契约类型难道不会掩盖"充满活力的一般合同法"的价值吗——其有价值，既是因为它提供了法制（或报告或教学）经济，又因为它认可或甚至鼓励当事人制定其自己的互动条款。[57]

让我们从最后一点开始。由于我们认为所有的契约类型都共同地认同自愿性，因此我们并不呼吁根除所有的一般性契约理论，并且同意这种认同的某些理论影响是以超实质形式存在的。[58] 但是，正如我们在本章前面所论证的那样，通过承认不同类型间自愿性含义的差异，并通过采用更适合在每种类型中保护这种价值的不同理论工具，可以更好地（并且更中立地）保护自愿性。

更进一步说，我们对自愿性的认同不应明确要求当事人通过"一般"法律就他们的关系缔约。这种强制缔约制度将是相当繁重的，至少对某些人来说，会使人际关系中的某些类型因成本过高而无法建立。在诸多情境下，该种制度仍然无法捕捉到"真实"的、实质上中立的立场，因为所有缔约机制都会认可各方随机的背景期望和权力失衡状态。由中立市场进程所产生的看似无恶意的平衡，其实往往是一种路径依赖的偶然性，因此，其不应必然地被赋予特权。[59]

即使，或在一定程度上，选择理论可能导致"挤出"效应*，但这种效应似乎会被契约类型所提供的更大范围的选项所抵消。如果没有法律的支持，这些选项将不复存在，或者仅在相当有限的情况下才可用——或只对那些有能力参与其契约条件广泛谈判的人才可用。[60] 还要注意的是，选择一种类型只是契约性选择的开始，而不是结束。人们可以在大多数类型中就大多数条款进行谈判，因此通过在依法促进的类型范围内运作，他们总体上拥有更大的选择能力。

最后，其一，如果合同法认真对待我们提出的加强少数派和乌托邦式契约形式的建议（在第 11 章中讨论的）；其二，如果合同法按照我们刚才简要阐述的思路适当构建"独立缔约的剩余类别"，那么无论法律的积极促进可能招致什么不利影响，都可能得到补救。

总之，我们的方法在中立性测试中得分似乎相当高。要想了解原因，就要认识到合同法实际上无法为人们可能想做的所有可能安排提供平等支持；此外，合同法甚至不应该试图提供

---

* 挤出效应（"crowding out" effect），是指政府支出增加所引起的私人消费或投资下降的经济效应。——译者注

这种支持，因为过多的选项可能会像过少的选项那样缩减人们的选择（我们在第 12 章中提到的"选择悖论"观点）。由于法律的支持有重要作用——如果没有法律的积极支持，非常少的契约类型会看起来像现在这样，而且会像现在这样运作——合同法必然会更偏好某些类型。

此外，即使考虑到每种契约类型，法律也不可能严格中立，因为管辖特定契约类型的法律规则的每种选择都会促进和巩固在该特定背景下的利益的理想愿景。但是，提供多样化契约类型菜单的义务比其替代方案施加的压力要小，即传统契约理论的一式通用及其全局的、包罗万象的原则。

最后，我们考虑除了选择理论之外，是否还可能有其他某些中立原则可以作为契约的最终价值。举例来说，作为一个想法实验，设想由民主来填补这一角色。[61] 合同法是否可以安全地、完全地依赖于我们的民选代表在其立法产物中确立的任何选择？民主肯定是相关的，如若它被援引用来强调选择理论赋予民主政体去提供其独特契约类型菜单的广泛余地。这些菜单可以而且应该根据局域历史、局域需求、局域偏好以及局域乌托邦实践而有所不同。

但民主不能取代选择理论，为自由主义合同法提供规范性基础。将民主视为基本价值，则将寻求实质性的道德真理及其制度合法性混为一谈。它还夸大了立法机构在私法事务中相对于法院的比较优势——无论是在能力方面还是在合理性方面。[62] 关于具体中立性，无论采取哪一条路径，我们都会回到选择理论。

剩下的挑战可能涉及"理由中立性"，这一挑战质疑了我们对自决作为契约最终价值的认可。我们已在第 3 章中详细阐述了我们的回应，在此仅需重申：由于契约是一个赋予权力的法律体系——人们可以但不必要援引或使用它以追求其目标——所以很难想象有任何可以理解的、更不用说中立的自治的替代方案，作为自决即契约的最终价值。[63]

效率分析师眼中自由的代价

在结束本章之前，我们还有最后一个问题要解决。由于我们的契约选择理论指定了效用的重要作用，从而也指定了合同法经济学分析的重要作用，而且鉴于当代法经济学家在契约学术话语中的主导地位，简要总结一下我们的观点与他们的观点有何不同可能会有所帮助。我们认为有五个区别：

1. 最根本的一点是，尽管经济学标准谋求促进偏好满足，以最大化社会福利，但我们认为，这种促进之所以重要，只是因为，也因此仅在有利于人们自决的范围内。我们的理论之所以具有自由主义特质，是因为它将增强个人自决的重要性置于最大化集体福利之上。

这种根本性差异意味着一些进一步的区别：

2. 在我们看来，破坏自决的偏好通常应被推翻。这种必要性出现在有限但并非微不足道的情况下，例如拒绝执行雇员竞业限制协议、限制未来工资的预支、维护某些长期合同的半不可剥夺的单方终止权等情况（我们在本章前面已经提到过）。[64] 这也可能是由关系性正义的必要性所触发的，而关系性正义（正如我们所解释的）来源于对自治的认同。在这些

（相对罕见的）情况下，自治是一种附带约束而不是最终价值，功利主义偏好必须让位。

3. 并非所有契约利益都易于接受经济学分析所采用的最大化公式。为什么呢？因为契约利益有时在本质上是社群主义的，因此它们的部分要点在于过程而不仅仅是结果。还有一些时候，正如我们对消费者合同的论述所强调的那样，人们可能拥有比福利主义关切更为重要的自治利益。换句话说，在契约关系具有重要的非福利主义价值的契约类型中，便不能用经济学家严格的工具性观点来分析契约。[65] 这并不是说效率分析没有任何效果，而是说其结果必须根据利害攸关的其他价值进行调整——一项需要推理而非简单的功利主义平衡的任务。

4. 选择理论通常提供与现有合同法更好的描述性契合，包括我们已经探索过的许多理论和类型，以及诸如强制性规则以及粘性默认之类的难题（我们将在第 10 章中讨论）。在此举一个（小且有些技术性的）例子，选择理论为缔约当事人追究违约、和解或起诉的资格提供了非偶然的正当性。[66] 这些诉权规则是由契约在增强个人自治方面的作用所暗示的，特别是契约允许个人合法地招募他人参与其计划的使命。当事人的排他性诉权既不衍生于也不依赖于他们作为私人检察长 * 的比较性能力。相比之下，对于法经济学家来说，如果契约仅作为最大化社会福利的工具，那么当事人拥有的诉权——以及陌生人对契约或整个社会没有的诉权——都必须基于某种或有原因，比如比较性能力。

---

　　* 私人检察长（private attorneys general），也被称为"公共利益律师"，是代表公民或公民团体提起诉讼的私人律师，声称诉讼符合公共利益。——译者注

92 　　5. 最后但并非最不重要的一点是，正如我们将在下文中进一步阐述的那样，选择理论意味着促进少数主义和乌托邦式的替代方案对于合同法而言可能相当重要，即使积极的国家支持（具有适当注意事项和限制条件）也无法从现有偏好或有效需求的角度完全证成——是对效率分析方法的重大背离。自治要求充足范围的选择，即使市场不提供它，效率也不必然要求它。

　　正如我们在引言中所讨论的，自由是有代价的，但对于愿意承认他们的计划有一定自由主义基础的效率理论家来说，这是一个适度的代价。

＊ ＊ ＊

　　人与人之间为什么要缔约？为了最大化效用，为了建立共同体，通常也是为了实现这些利益的混合。一个关注自治的合同法通过确保类型的充分多样性来扩大选择；它并不在人们谋求的利益之间进行公断——除非在相对罕见的情况下，即自治必须充当附带约束时。虽然自治、效用和共同体常常被视为竞争对手，但选择理论消散了一些明显的冲突，并为解决其他冲突提供了重要的指导。

第9章
契约领域

错误的核心

我们已经讨论了契约价值及其相互关系。这是我们的理论变得自由和普遍的原因。现在，我们提供了在选择理论和整个合同法之间的桥梁。为此，我们拒绝将商业交易作为契约核心，取而代之，我们提供了一种更新的契约类型分类法，旨在帮助确保契约的自治增强多样性。我们的分类法根据不同标的和共同困境将缔约实践划分为不同领域。

与在我们之前的其他威利斯顿策略的批评者一样，我们拒绝将商业交易作为合同的核心。[1] 我们希望，此种反对是特别直接的，因为它依赖于对自治的规范性认同，而自治正是威利斯顿式合同法声称服务于但却未能遵循的最终价值。商业合同范式并没有描述实际存在的合同法，也没有体现法律自治增强的潜力。同时，现有框架也给法院带来了不必要的教义混乱。按照我们建议的思路来解决这些教义混乱，反过来又会改善合同法的自治增强作用——这是理论和教义的良性循环。

三个激励示例

为了促使我们转向契约类型和领域，请考虑以下三个简要呈现的示例：

1. 保管。 首先，一般合同法的扁平化效应似乎是目前困扰保管法的大量教义混乱的原因。

94　　根据传统范式，现行的保管教义否定了保管的契约性质。为何如此？因为受托人对损失或损害的责任通常基于普通注意义务，与"一般"合同法通常的严格履行义务形成对比。[2] 这种观点认为，保管甚至不再是合同法的一部分，而将其重新纳入合同法的方法是扩大受托人的严格责任义务。但这种使其一般化的推动力对保管而言毫无意义——因此出现教义混乱。

转让理论家将严格责任视为承诺和契约的一个基本特征。[3] 但这种观点是靠不住的，[4] 考虑到其所依赖的理论存在的谬误，这就不奇怪了。事实上，如果"规则"及其"例外"都被理解为保管合同类型的多数主义默认，那么严格责任例外是否会威胁吞并过失规则的问题，[5] 就不那么重要了。

改革者不应决定将保管视为"本质上是契约性的"[6]，从而引入所有"一般"合同法，而应关注保管合同反复出现的困境。保管的具体规则并不是需要解释清楚的怪异之处，而是人们在使用这种契约类型时寻求解决的规范性挑战的线索。

2. 违约金。 商业合同范式不利影响的另一个例子来自对违约金标准的争论。从我们的角度来看，这场争论似乎令人沮丧地徒劳无功。

支持事后公平审查的现行规则的大多数论点都预见了承诺人容易受到影响而作出的次优选择的契约类型。[7] 这似乎是对在此类型中缔约的合理法律处理。相比之下，大多数批评该规则的主张都假设一套截然不同的契约类型，在这些契约类型中，精明的当事人在预期可能无法核实违约损害的情况下使用违约金。[8] 考虑到人们进入商务合同背景时所谋求的利益，这似乎也是合理的。

每个论点在其各自的领域都是正确的：前者举例说明了合同法对关系平等的认同，而后者则可以适当地诉诸形式平等，作为可靠的替代（第 8 章中强调了这一区别）。[9] 因此，该规则可能应该因领域而异，而不是人为地保持不变以符合"一般"合同法的不合时宜的概念。有趣的是，有一些迹象表明，法院默示地重视了这一经验教训，并在涉及精明交易方的情况下降低了对违约金的审查。[10] 这一区别应予以明确。

3. 效率违约。 我们看到，试图使家庭内部契约与陌生人 95 之间的契约保持一致，会产生相似混乱和潜在扭曲，特别是就效率违约理论而言。当将效率违约适用于在紧密共同体背景下作出的承诺时，尤其是在婚姻中，[11] 就会遇到最严重的批评和教义问题，但其也适用于更广泛的契约类型，例如担保。[12] 威利斯顿计划的扁平化效应再次将合同法推向了错误的方向。如果将这一教义有选择地适用于契约类型，而不是假定一旦将其引入合同法，就必须普遍适用，那么这些问题是可以避免的。

契约领域的作用

这些简短的案例研究并非简单地反映了一个熟悉的观点，即要想正确应用抽象的原则，就需要根据其背景仔细调整它们。相反，他们强调的必要差异最好通过引用被不恰当地混为一谈的契约类型的不同能动原则来解释。这些更根本的差异可能源于对某些契约类型的典型规范性认同（如在家庭内部合同与商务合同中），也可能源于其独特的标的（就此而言，如在保管或担保中）。[13]

这些例子以及许多其他例子都表明，在处理离散的教义问题时，我们需要参照特定契约类型的能动原则来审查竞争规则的规范可取性（这一调查要求我们以可能的最好的方式呈现这一原则），而且我们需要某种方法来理解不同类型之间如何通过规范认同和标的相互关联。

我们现在正着手将选择理论与实际的合同法改革联系起来。这项任务需要一个契约类型的组织框架。但是，我们不能也不应该回到威利斯顿之前的契约类别分类法上。那份清单是一个非理论的大杂烩，它威胁到了合同法的合理性和完整性，也威胁到了合同法的合法性。休·柯林斯（Hugh Collins）——一位评论家，他赞赏在契约规则中允许"更大程度差异化"的效率效益——指出，"如果规则根据契约类别而异，那么私法就需要有能够为分类化和差异化监管的原因提供合理解释的原则。"[14]

选择理论提供了这些缺失的原则，这些原则可以合法地要求我们用一种理论驱动性的、叙述良好的"契约自由"分类法来取代对传统"契约自由"模式的旧的抽象。

四个缔约领域

关于自治的理论需要一种反映人们签订契约时的典型背景的分类法，并对那些互动中出现的独特困境做出回应。构建这种分类法的方法有很多种。在此，我们提供了一种将契约类型收集到领域中的方法。我们在以下材料中的谨慎措辞，不仅源于这是一个初步努力的事实，而且源于对功能性和动态分类工作模式的认同。[15]

契约的标的必然会对法律能合理接受并希望进一步推进的理想产生影响。我们可以轻松区分契约的一个显著维度是标的主要涉及"人"还是"物"。这种区分既不详尽也不稳定。但这种区分具有某些吸引力：它反映了合同法运作方式中的重大区别，而且它具有（或许是）历史传统的优点。布莱克斯通将契约划分为"人的权利"和"物的权利"。[16]

我们的第二个维度涉及缔约领域在某种意义上是"私人的"还是"公共的"。这一轴线甚至不如前者稳定（也受到了很多有理有据批评的影响）。按照我们的解读，这一维度着眼于缔约实践是面向内部、家庭或个人的，还是面向那些相对更外部的。

这两条轴线产生了四个突出的契约领域：家庭、住房、就业和商业（见图 1）。

每个领域都包含了一系列类型。例如，①家庭：除了婚姻合同外，我们可能会看到婚前合同、民事结合合同以及同居合同；②住房：房地产购买和租赁合同、共同生活以及其他"有意社区"*合同；③就业：自由雇佣合同、因由雇佣合同以及独立缔约方合同；④商业：销售合同、消费者合同、保险合同以及衍生合同。

标的

		人	物
领域	私人的	①家庭	②住房
	公众的	③就业	④商业

图 1　四个缔约领域

97　　我们现在可以看到，劳动法（沿袭了雇佣法**的某些强制性规则）不仅有助于保障关系平等——正如我们在第 8 章中解释的那样——还增加了一种类型：雇员可以在工会或非工会环境中工作。事实上，劳动法的非普遍覆盖性使其能够执行这两项任务：只有在非强制性的情况下，劳动法才能发挥增强多样性的作用。但是，工会类型也不能太稀少，否则就会破坏劳动法普遍解决雇员关系平等关切的能力。集体雇佣合同类型有助于确保自愿性成分，即使在非工会雇佣合同类型中也是

---

　　* 有意社区（intentional community）是一种自愿居住社区，具有高度社会凝聚力和团队合作精神。其成员通常持有共同的社会、政治、宗教或精神愿景，并且通常共担义务和财产。——译者注

　　** 美国的劳动法（Labor Law）和雇佣法（Employment Law）分别规范不同的法律关系：前者主要处理工会成员之间、工会与雇主之间等方面的法律关系，后者主要处理非工会背景下雇主和雇员之间的关系。——译者注

如此。[17]

领域的两个工具性作用

没有什么对选择理论来说至关重要，一切取决于我们所采用的特定标签。人们可以很容易地想象出其他方法来划分契约宇宙。因此，我们对这些轴线或标签不作任何认同。我们也不致力于二乘二的矩阵，甚至也不致力于领域的概念。将契约类型按许多不同维度进行分组是有正当规范理由的。采用特定框架的某些原因在于其直观吸引力和可管理性，它如何很好地反映了合同法中长期存在的分歧和争论，甚至其美学优点（正如我们所看到的）。但是，以这种方式构建我们分类法的更根本原因在于它对选择理论的重要工具性作用。

1. 替代品。 首要也是最主要的原因是，这种分类法有利于理解选择理论对领域内多样性的要求。它强调了自由主义合同法支持在每个熟悉的人类活动类别中选择的义务，因此，在每个领域中，契约类型都是彼此的部分功能替代品。它们需要成为替代品是因为，通过相互正交的替代方案无法增强选择；而且它们的可替代性不应过于完全，因为过于相似的类型也无法提供有意义的选择。

这意味着，我们的领域分类法并非暗示新类型只有在其恰好适合领域时才有价值。相反，我们承认，其他可能挑战这种（我们认为是传统的）领域划分的类型可能同样（或可能更）有价值。事实上，我们将缔约宇宙划分为领域，完全有助于对保障真正选择的认同。它是一种启发式的手段，可以帮助我们了解法律是否提供了充足可靠的作为替代品的替代方案；因此，它是实现增强自由的目标的一种手段。

2. 新类型。我们分类法的工具性作用还有助于解决新契约要素何时成为新类型的问题。换句话说，我们如何确定给定的类型从当前角度来看的某些转变（增加、省略或修改）是否确实产生了新类型？

现在应该很明显，选择理论意味着不同的契约类型应受到不同（且强有力）能动原则的指导，从而充当它们各自基本规则的"规范性 DNA"。现在，我们可以通过如下补充来完善这一观点，即一旦新颖的契约性安排的能动原则意味着它可以作为重要人类活动领域中现有类型的替代品——或至少作为一个重要的其他替代方案——发挥作用，那么它就成为一种新契约类型。

商业的子领域

回顾图 1，它似乎直观地在说婚姻合同并不是销售合同的替代品——它们处于不同的领域。在商业领域中，我们注意到四种类型——销售合同、消费者合同、保险合同和衍生合同——但这些合同反映了相当不同的缔约实践，以及它们并非彼此有意义的替代品。因此，鉴于我们对领域的定义，我们必须说，销售合同没有被正确地视为与例如保险合同处于同一领域。

另一种说法是，商业领域包括了一系列与商业相关的契约活动的子领域。在那些子领域内，契约类型确实发挥着替代品的作用。那么，如何将商业分解为若干子领域呢？正如导致

图 1 的那些讨论一样，对于我们如何划分商业并没有什么根本性的激发。一种做法可能是，一条轴线着眼于当事人的成熟性（sophistication），另一条轴线着眼于契约主体的可触知性。

这些（诚然粗略和参差不齐的）区分表明第二个矩阵——有四个商业的子领域。它们是：①消费者：包括例如普通消费交易和软件许可；②贷款/保险：抵押贷款、信用卡以及健康和人寿保险；③销售/商务：从商业销售到合伙企业和有限责任公司；④金融/风险：衍生品、抵押物（图 2）。同样，我们不想纠结于某个类型是属于这个子领域还是其他子领域。选择理论所要求的是，我们要确保契约活动的任何重要形式都有充足数量的、具有规范吸引力的替代类型的可行性。[18]

为什么商业领域的合同类型比我们的其他领域多得多？在某种程度上，答案必须在于，对个人当事人而言，有更强激励去投资于在这一领域内创造新的契约类型。即使是相对有限的需求也能证成新类型的创造，只要该类型对足够多的人谋求的契约利益的平衡做出了回应。我们不断看到新类型的出现。仅举一个新闻中的例子，考虑一下最近在十几个州出现的"共益公司"——将利润和社会目标结合在一起。[19] 这样的例子还可以乘以数十倍。

99

		物的类型	
		有形	无形资产
相对成熟性	个人	①消费者	②贷款/保险
	公司	③销售/商务	④金融/风险

图 2　商业子领域

请注意，这里有大量的契约类型，甚至对个人也是可行的，表明人们可以处理新类型而不会有太多混淆危险。换句话说，沟通成本——被一些私法理论家最近强调的关切——并不能证成对威利斯顿式"一般"合同法观点的遵循。私法理论家需要考虑第三方利益，而不是（过分）强调沟通成本，而第三方的关切最好从证明（verification）的角度来表达。[20] 此外，私法理论家还应高度重视当事人彼此之间的需求。为使这些当事人能够富有成效地合作，在人际互动的核心类别中，契约类型（和财产制度）必须相对稳定，以便这些类型能够围绕一个离散的、连贯的能动原则来巩固当事人的期望。[21]

支持低需求类型的义务

相比之下，非商业领域的契约类型要少得多。为什么呢？也许是创造或要求新类型的动力较弱。而且，即使有足够回报（如在工作和住房领域），也可能存在实质性集体行动问题（对雇员和住房所有人而言），导致相关价值被排除在新类型之外。但是，那种偶然的结果并不能否定对更多类型的需求。

自治的观点认为，在有效需求较弱的情况下，国家承担着附随的更大的支持有价值的新合同类型的责任，以确保在缔约活动的重要领域中有充足的选择。类型在商业领域内的成功激增表明，类型之间的混淆不是一个重大问题，而且其本身不应告诫人们不要在其他领域支持新类型。

这最后一个经验教训——关于国家支持低需求类型的义务——很可能是选择理论最重要的实务要点。为了用统一的方式对待"新类型的市场"，并给予其应有的持续关注，我们将这一点作为第 11 章的重点。

对国家合同和跨国合同的评注

我们要重申的是，我们的分类法旨在表明缔约实践，而不是详尽无遗的。举例来说，我们的关注点忽略了日益庞大的国家合同、跨国合同和国际合同。在这个领域中的许多缔约——比如，个人或公司与它们国家之间的缔约，或者他们与超越国界的当事人之间的缔约——像其他熟悉的类型一样运作，可以用我们在本书中研发的工具进行全面分析。但也有很多不能如此。

这些国家和跨国层面的契约类型都有其自身的复杂性并且值得研究。即使我们撇开国际条约不谈，也要考虑政府采购合同、特许合同、政府雇佣合同、建设施工和一站式方案*以及主权贷款。其中一方当事人是主权国家这一引人注目的事实引发了根本性的问题。

当主权国家一方执行自己的契约时，一方面，它可能会破坏对关系平等的认同。[22] 另一方面，它也可能会强化这种认同，因为主权可以说代表着整个国家的自决，而这又与主权国家改写我们集体生活故事的权力相关联——前提是我们有权改变自己主意，定期举行选举。[23]

这一广泛的领域还引发了关于国家代表以及政府约束其国

---

　　* 一站式方案（turnkey projects），是指卖方将专案架设好并调整完成，在可立即使用的情况下卖给买家，是科技业中一种常见的技术转移方式。——译者注

家的权力的范围的复杂问题。[24] 最后，国际层面带来了有趣的制度复杂性。一方面，有无数的私人和半公共机构以及公共国际组织在某种程度上借鉴了国内契约制度的经验教训，创建了契约类型。[25] 但是，另一方面，没有权威的和完全普遍的国际立法机构，也没有具有普遍能力的权威解释者。[26] 这些实质性和制度性挑战值得认真讨论，我们将其留待以后处理。

101

* * *

　　我们拒绝将商业交易作为契约核心的陈旧观念。取而代之的是，我们提供了一种更新的契约类型和领域的分类法。诚然，这种分类法存在偶然性，并且在其细节上具有争议。我们提供的样式是一种有帮助的工具，旨在突出并帮助确保契约的自治增强多样性。契约领域是连接选择理论与合同法的桥梁。

第10章
契约类型

创建一般的、自由主义的合同法理论的最后一步，更准确 地说，是明确我们所说的契约类型是什么。该观点在选择理论中占有重要地位，并引出了许多看似合理的问题和反对意见。那么，契约类型、契约领域和人们追求的价值之间有什么联系？什么构成了充足的类型范围？法律上的变化何时会产生新的类型？

本章考虑了这些问题。本章还讨论了在特定类型（"契约自由"）中过多的选择会降低自由的情况，例如，破坏类型的文化意义的稳定性。在此，我们展示了在某一类型内限制选择的强制性规则和粘性默认如何能够出人意料地全面增强自由——只要在人类活动的重要领域中存在充足范围的类型。

在具体阐述契约类型的理论时，我们暂时搁置一个问题，并将在之后的章节中单独考虑它，即国家对新类型的市场的义务。从概念上讲，这个问题放在这里是合适的，但由于它是选择理论的一个主要要点，也因为它容易引起对我们方法的质疑，所以它需要一些额外注意。

契约类型中的局域价值

我们从这里开始说明，并指出一旦你开始寻找它们，就会发现有很多契约类型变得可见。当你第一次在夜晚外出时，你只能看到偶尔的亮光——这也许是商业合同类型的亮光。过了一会儿，用一个新的视角去看，你就会发现这是一个星光灿烂的夜晚，充满了多样化契约类型。

契约类型的多样性可能会让人迷失方向，但它既不是混乱的，也不是无原则的。相反，它可以通过提及契约领域反复出现的困境，以及国家确保在这些领域中的每个领域内提供有意义的选择的可行性的义务来解释。这就意味着，在某个领域内的有些类型将促进人际关系的利益，有些类型会促进共同盈余的最大化，还有些类型仍将涉及这些目标复杂的和变化的组合。

换句话说，除了对自治的最终认同外，合同法中的价值是契约类型的局域价值，而不是合同法的全局价值。我们承认，某些契约领域可能更容易接受特定价值。因此，许多契约类型，尤其是在商业领域，大多是关于经济收益的——通过保障专业化和风险分配的效率来最大化共同盈余——而社会效益只是一种附带效果。

其他契约类型，比如在家庭领域，更多的是关于成为多元主体的一部分的内在利益，其中契约存在的理由更多的是指代一个人的身份和人际关系，而附随的经济效益被视为有益的副产品，而不是唯一（或至少是主要）的合作动机。

虽然类型可能围绕着某个领域内的特定价值聚集，但对契约性自治的认同仍然要求重点关注领域内有意义的选择，而不仅仅是领域的多样性。在一个特定的缔约领域内，合同法应提供充足的多样化范围的契约类型，每种都代表着不同的价值平衡。大多数人可能偏爱某种契约类型，但选择理论要求在每个缔约领域内，自由的个人应能够基于不同的价值平衡缔约。因此，在商业领域内拥有基于"关系"的契约类型，并在亲密关系领域中提供不仅仅是紧密共同体的契约类型，都具有重要意义。

最后一点的重要性怎么强调都不为过。拥有稳定且具有规范吸引力的可供拒绝的形式，使人们选择的契约类型更像是一种个人自治的表达。国家增强个人自治的部分义务就是，确保大多数人在大多数时候不想要的某些契约类型的存在。我们不仅通过我们选择了什么来定义自己，还通过我们抛开的价值和利益来定义自己。

根据局域的能动原则定制法律

选择理论要求合同法提供不同的但同样有价值的、可获得的人际互动框架。在缔约活动的一个单一领域内，种种契约类型是有价值的——事实上是不可或缺的——对于契约自由而言，进而对于自治而言。合同法如何根据每种不同类型的局域能动原则定制其规则？我们注意到了三种不同的情况，阐释了人们从契约中谋求的利益光谱。

1. 商务合同与"关系"合同。 施瓦茨和斯科特的商务合

104

同模式隐含的改革目标是定制合同法以使其适应该领域的能动原则。通过关注那些将谋求共同盈余最大化作为其理想典型的缔约方的成熟组织，他们坚持认为商业合同法应该是最低限度的，也就是说，它应聚焦于给予当事人广泛的选择自由并执行他们的交易。[1]通过在财富最大化的方向改革现有的商业契约类型，合同法将更好地增强当事人的自治。

摆脱了商业缔约的极点，改革议程就变得更加复杂。随着缔约方寻求更多的共同利益，他们自己和其他人越来越多地被理解为共同努力的积极参与者，即作为有目的的共同体成员。正如麦克尼尔强调的，对于许多紧密"关系"合同类型而言，治理至关重要，法律应旨在研制维持相互依赖并有利于长期信任和团结的治理结构。[2]

2. 酌情调整与局域完善。获得共同体支持的一条途径是调整"一般"合同法。"诚实信用和公平交易义务"是法律中一个很好的转变的例子，它为缔约双方在契约性共同体中建立了一个安全网——但也可能使法律不考虑商务合同当事人想要的和需要的。虽然这种一般义务经常被说成是所有契约中固有的，在实践中，它在很大程度上依赖于具体情况，这也是它的应有之义。[3]对一般法律的调整并不是合同法支持共同体的最佳方式，甚至不是主要方式。正如保险例子所表明的那样，这种调整可能导致更不受欢迎的临时酌情调整。[4]支持共同体的一般法律可能会使法律不太适应商业背景——反之亦然。对特定契约类型的局域完善提供了更好、更有针对性的手段，以确保一个增强自治的合同法。

考虑一下，例如，代理合同类型构建了代理人–委托人的关系。委托人受其代理人行为的约束（并可能为此承担责任）。[5] 这种约束的权力产生了弱势性。这种弱势性的某些影响是直截了当的：代理人仅在表面权力范围内行事时才约束其委托人，委托人有违反受托义务的诉因。[6] 其他后果则更为微妙；它们意味着复杂的治理规则[7]，涉及披露[8]、磋商[9]、和调整[10] 等话题。由于这些治理规则并不是经常服从于任何形式的最大化功能，因此代理和其他"关系"合同类型与仅追求效率收益的契约有着本质的区别，[11] 但对于人类繁荣同样不可或缺。这些规则使得代理类型有效，但不会也不应该推广到"一般"合同法。

3. 亲密契约。 最后，我们来到了缔约关系中的最亲密的社会极点——比如在家庭领域中的婚姻合同背景下，或者商业背景中的老式律师事务所合伙合同（我们将在下面讨论什么构成了类型的"充足"范围时谈及这一类型）。随着契约性共同体的"多元身份"成为个人身份更基本的要素，应用最大化财富的契约类型的回应可能会破坏而不是促进这些契约类型旨在鼓励的利益。正如我们在第 6 章中所讨论的那样，婚姻合同受到一套独特规则的管辖，这的确不足为奇，因为这些规则更多源于这种契约类型的典型特征，而不是源于整个契约的任何一般原则。

中期和终局的戏剧性事件

正如这些例子所表明的，我们对效用和共同体的区分并不在于区分缔约活动在某种绝对意义上是否是经济的。毕竟，我们处理的契约总是具有经济影响的，尤其是在"终局"时，当契约性共同体破裂时，人们可能从合作走向违约。但是，违约时丰富多彩的戏剧性事件不应掩盖日常——最终也更恰当的是——契约类型的中期样态。[12] 因此，我们关注契约类型作为各种人际关系载体的作用——有紧密的、单薄的或无共同体的契约类型，我们认为，沿循这个范围，每种契约类型的主要特征都会影响（或至少应该影响）其理论架构。

甚至关于终局违约的规则也可以从这个角度分析，因为它们可以而且往往确实作为背景规范，来引导和塑造参与者在各种利害攸关的契约类型中的期望。[13] 换句话说，处理日常和平凡事务的中期目的应该影响处理失败和异常的终局规则。一旦我们理解了激励契约类型的规范原则之间的区别，以及它们在中期和终局关系中能发挥的各种作用，我们就可以开始设计合同法改革的具体领域了。

例如，在基于共同体的契约中，也许我们应该要求当事人分享在违约后由承诺人的替代交易所获得的效率收益，这与不允许这种追偿的一般法律相悖。一般法律规则是从最大化财富的契约类型中衍生出来的，而且当那是人们所谋求的时，那么它便是正确的方法——但并非对于"关系"背景而言。[14]

我们已经展示了如何识别契约类型的核心规范原则，以及那种类型的价值是如何局限于特定领域的。但是，当人们想要在同一领域内创设具有不同能动原则的契约类型时，会发生什么？我们如何知道合同法是否提供了足够的类型范围？我们什么时候应该拆分类型？什么时候缔约实践中的改变等同于创造了某种新类型？我们现在来讨论这些多样性问题。

充足范围的类型

在重要缔约领域内，什么构成了规范上充足范围的现有契约类型？这个问题提出了两个相互关联的关切。正如奥拉·阿伦森（Ori Aronson）所说：① "国家需要（努力）提供的'多元最优'的替代方案数量是多少"；② "国家在给定的替代方案中应该谋求保持的'最优'差异程度是多少。"[15]

1. N 和 Δ。 在缔约领域中解决这些问题——阿伦森称之为 "N 问题" 和 "Δ 问题"[16]——需要复杂的判断。我们对领域内多样性义务的阐述表明，要使选择有意义，N 不应该太小。相反，正如我们在下文中所讨论的，如果 N 太大，那么由于认知、行为、结构和政治经济学的原因，选择实际上会缩减。[17]类似的问题也出现在 Δ 问题中——类型之间的变化太小（也可能是太大）意味着个人在契约利益中没有充足的选择。选择理论研究议程的一个重要部分就是研究这些证成不同设计选择的条件。

此外，我们对这些变量的实际决定因素只字未提。正如阿伦森所指出的，要解决这个关键问题，"要考虑到我们对人们如何选择以及通过供应方面的战略设计选择机制如何能被调整的认知。"[18]换句话说，这应该是合同法的行为和制度经济学研究的一个主要焦点（我们将在第 12 章中简要讨论这一点）。

确定缔约领域的最佳 N 和 Δ 并不是这一研究路线的终点：改革者仍需决定法律应促进哪些新颖的契约类型。这是我们尚未讨论的另一个话题（尽管我们在下一章中提供了一些初步

107

想法)。阿伦森的观点又一次很有帮助,他指出,由于"人们的需求和看法"以及我们的"社会条件"都在不断发展,这些决定很可能是动态的,甚至可能是实验性的。[19]

2. 特拉华州公司法。 可能首个充足性相似物的最好例子来自长期商业安排领域,其中合同法(在这个词的适当、广泛意义上)提供了不止一套默认设置以促进人际互动的多种类型。其范围从代理合同贯穿合伙合同(特别是有限责任公司和有限责任合伙)到公司合同的形式(从封闭公司到公众公司)。[20] 这些契约类型每种都以其自己的治理结构和一套典型困难(特别是代理成本)的解决办法为特征,如果没有法律的促进,这些困难可能会抑制此类商业活动。[21]

特拉华州法律提供了一个很好的例子:它通过创建可选"菜单"来增强自治——这些选项对公司有强制性限制,而对合伙企业或有限责任公司则没有——因此公司可以很容易地根据其偏好的规范取向来"打造"自己。[22] 另一个例子来自小公司的,在这种情况下,在合伙企业和公司形式之间的选择,在一定程度上取决于当事人寻求创造的关系类型,即从紧密结合的"统一"关系到公平独立的"对手"关系。[23]

3. 合伙企业法。 可能构成"充足"范围的另一个例子涉及律师事务所合伙人之间的契约。他们有可用的充足范围的契约类型,使他们能够改变对契约性关系中他们偏好的规范平衡的看法——这是构成充足性的一个重要方面。

公司中律师之间关系的转变说明了这一点。正如一篇文章所指出的,"对于那些二三十年前进入法律行业的律师来说,成为一家大型律师事务所的合伙人就像缔结婚姻一样。"[24] 现在，许多这样的律所已经重组为有限责任合伙以最大化收入，促进横向合伙人（lateral partners）的进入和退出，并保护个人免于承担责任。契约类型的选择也可以采取相反的方式。在许多情况下，律师们正离开类似于公司的律师事务所，转而选择类似于婚姻的合伙关系。正如一位律师在描述这种转变时所说："我们律所最大的文化层面就是它基于老式的合伙关系。我们首先是合作伙伴，其次才是业务同事。"[25]

这种容易根据某人期望的规范平衡来调整契约性关系的能力，并在有吸引力的类型之间来回转换，表明了合同法在这一领域提供了充足的类型多样性——至少对于充分咨询过的人来说是这样。

多样性上的两条褶皱

虽然选择理论对类型多样性的规定是直截了当的，但其实施却并不总是那么简单。

1. 拆分类型。 作为首要的经验法则，一种契约类型要想发挥其自治增强的作用，就应该被一个强有力的能有效巩固预期并清晰表达连贯的规范理想的能动原则指导。这条规则意味着，每种契约类型的范围应该相当狭窄，但类型种类应提供很多。因此，如果契约类型涉及过于不同的价值，那么契约类型就应被拆分。

举一个当代的例子，考虑一下租赁合同发生了什么。在那里，单一类型已经在很大程度上被分为两部分：住房类型现在充斥着"不可放弃的权利和义务，（其）可能与租赁概念的历史关系不大",但商业租赁类型则缺乏任何此类"大规模的替代"。[26]

2. 单价值的多样性。此外,即使在没有明显分歧的利害攸关的价值的情况下,多样性的规定有时也是自治增强的。

考虑一下我们为投资资金而签订的契约。这种契约使我们能够谋求他人的更优技能、知识和经验来完成一项影响我们福利主义利益的重要方面的重要任务。而促成该种委托行为本身就是自治增强的。由于如今的投资管理需要时间和专门技能资源,故自我管理的替代方案是令人生畏的。能够安全地将这项任务委派给其他人,消除了这些负担,这样我们就可以专注于我们可能认为更具内在价值的计划——此举增强了我们的自治。[27]

当代法律并不满足于投资管理这一任务的框架,而提供了两种主要的基于契约的替代方案。首先,人们可以与金融受托人签订合同,在这种情况下,受托人有义务遵循他们如果拥有管理其被动投资的专门知识,其就会采取的投资政策。这一样式借鉴了信托法原则,要求受托人将其持有的资产多元化,这种方法模仿了谨慎投资者通常对自我管理的投资组合所采取的做法。[28]其次,人们也可以替代性地投资于公司。公司管理者被期望采取与金融受托人截然不同的方法:他们可能坚持专注于单一的专业领域,并承担有风险的、非多样化的商业冒险。[29]

因此,寻求投资服务的个人可以在至少两种不同的契约性替代方案中作出选择,其都主要针对的是财富最大化,但面向不同财富水平、成熟水平以及风险耐受水平的投资者。

总之,类型之间的更多选择通常会增强自由。不太常见,但在一系列重要的情况下,我们认为多样性会产生相反的结果。确定在类型间选择的适当限制构成了我们将在第 12 章中简要讨论的研究议程的重要组成部分，并交给那些有兴趣在合同法中实施选择理论方法的人。

在讨论了限制类型之间的选择价值后，我们现在转向一个不同的关切，即在类型内限制选择。这在契约理论中已经是一个耳熟能详的问题了，由于其关注的是单一的契约类型，故其困难也在意料之中。我们提供了从选择理论中出现的独特视角。

强制性规则及粘性默认

在设计各种契约类型的细节时，一个反复出现的挑战是强制性（或不可改变的）规则和默认规则之间的选择。选择理论对自愿性[30]的根本认同意味着，人们通常不仅可以在各种契约类型中进行选择，还可以在每种契约类型条款中进行选择。这种选择确保了契约性关系能够最好地服务于我们的利益观念以及根据我们的特定需求和情况实现利益的适当手段。

首先，我们的分析追踪了传统观点对粘性默认的偏好。然而，有时强制性规则是唯一可靠的解决方案。[31] 为了防止第三方的负外部性，强制性规则可能是必要的。正如在第 8 章中已经讨论过的，它们也可能是维护合同法对关系平等的认同所必需的，这是公正关系的私法规范性基线的一个方面。

但是，在没有外部性风险的情况下以及在关系平等被保障的情况下，强制性规则是麻烦的，因为它们无法顾及异质性，更不用说特质了。因此，在这些情况下，合同法不应该强制执行其规则；相反，人们应该能够自由地修改它们，根据他们更

110

想如何塑造其人际关系来定制他们的安排。然而，在某些情况下，法律可能合法地管理以及有时甚至是严格地审查这种选择退出，以保证它们确实反映了人们的知情选择。[32]

因此，在可能的范围内，合同法应尝试克服信息不对称、认知偏见和战略行为等问题——并参与对契约类型的稳定预期的文化生产——通过规定粘性默认，而不是通过使用强制性规则来限制选择。[33] 至此，我们的观点与传统的"契约自由"分析趋于一致。

但是，选择理论可以为这场争论做出贡献，它提出了至少对部分强制性规则以及普遍存在于契约各个领域的粘性默认规则的两种额外（且新颖）的解释。我们将这两种解释分别称为强制性规则的"可行性正当性论证"与"表达性正当性论证"。[*]

1. 可行性。第一个正当理由是为了回应古典契约自由范式的错位目标而出现的。该模式仅通过一种典型的契约形式，即商业交易，来考察知情合作的障碍。由于忽视了契约类型的作用，所以传统分析难以证成需要规则的多样化场景。

相比之下，选择理论已经预见到了与契约类型多样性相对应的这些规则的多样性。我们可以毫不夸张地说，合同法必须微调其手段，以应对相当多样的挑战。因此，在我们的模型中可以证成监管选择退出，部分原因是为了确保契约类型是可行的，尽管它们会遇到系统性困难。

2. 表达性。这反映了一种关切，即过于容易的调整可能

---

[*] 表达性正当性论证（expressive justification），是指将规则、制度或行为的正当性，建立在其所表达或象征的价值立场上，而不仅仅是其带来的工具性后果。——译者注

会破坏特定契约类型的文化功能。举个信托法的例子，"一般"合同法的填补空白和可选择性措辞可能表明对受托人忠诚义务的漠不关心。但这种漠视可能会稀释信托法的表达性功能。[34] 只要这些影响威胁到似乎对维持信托形式至关重要的社会规范，它们也可能对自由主义合同法构成合理担忧。在一定程度上，对契约类型表达功能的关注也可以证成强制性规则。

111

强制性规则如何能增强自治

从表面上看，尊重可行性和表达性正当理由似乎与认同自治存在冲突，但其实不然。

基于自治的契约理论当然拒绝任何形式的"强势"家长式作风。它不赞成为了国家认为是其自身的利益而凌驾于人们的选择之上。但是，限制选择退出的经典理由是不同的。如果他们不诉诸对市场结构和政治经济的外部关切时，这些限制就依赖于基于"弱的"家长式作风——基于认知失败、无知或极端压力——因此可以通过参考完全理性的个人会接受（甚至可能赞同）的东西来证成。[35]

在选择理论中，自决而非独立是契约的最终价值，因此紧随这一逻辑，认可这些（基于自治的）理由，以确保缔约方知情同意。但它增加了两组（同样是基于自治的）关切，其还证成了不变性：①保障当事人之间的关系平等；②确保契约类型的可行性及其独特的表达效果。总之，这些要素提出了一种新的、有原则的方法来评估强制性规则和粘性默认，使其更好地反映了实际实践。

确保遵守关系平等是合同法的一个涉及所有契约类型的超实质关切。相比之下，对可行性和表达效果的考虑只有在更局限的条件下才能证成不变性。更具体地说，根据选择理论，当且仅当三个条件满足时，即使没有外部性或对关系平等的威胁，强制性规则也是合理的：①该规定对该契约类型的可行性是不可或缺的，因此如果没有该规定，人们在特定活动上的选项就会更少；②人们能够使用一种可供选择的、受管制较少的契约类型来参与该活动（因此援引受管制的契约类型反映了一种对有意义的选择的行使）；③该规定要求对人们的选择进行最低限度的、以克服相关实质性或表达性关切的必要的干涉。

1. 促进选择。 第一个条件强调了强制性规则在促进、有

112 时甚至是使契约类型可行方面可能起到的增强自治的作用。如果没有广泛的监管，契约类型将毫无意义，一个最典型的例子就是消费者合同。正如我们讨论的，这种"无共同体"类型的关键特征是它允许人们进行快速、匿名以及安全的交易，从而解放人们来参与他们其他的、更有价值的计划。[36]

消费者合同的这种促进选择的特征也精炼了最近（相当独特的美国[37]）趋势的一个特别令人不安的方面，即在消费者合同中广泛执行强制性仲裁以及无集体诉讼条款。从我们对这种契约类型的"差使"概念的角度来看，消费者不应该因为这些条款"可读性评分"低而受指责。事实上，选择理论暗示了，将这些条款纳入消费者合同不应能够扰乱消费者的背景期望，即相对畅通地诉诸法院或诉诸合理的同等纠纷解决程序。[38]

2. 充足的替代方案。第二个条件是更苛刻的。它要求活动有充足的领域内多样性，并且人们在援引更规范的契约类型时确实作出了知情选择。如果人们不想签订他们认为过度监管或监管不当的契约类型，则其不应该被剥夺自决权。

举例来说，我们赞同赋予个人选择退出对其就业类型的司法事后定性的能力。只要个人保留成为独立缔约方的能力，受到严格监管的雇员合同类型就不会妨碍自治。通过提供一种可行的替代方案，我们增强了那些认为雇员合同中典型的强制性规则和粘性默认令人反感的人的自治。（提供其他的替代类型，如"依赖型缔约方""工作分担制"或非工会合作结构，可能会进一步增强工作领域的自治，我们将在第 11 章和第 12 章回到这个问题。）即使人们选择了雇员类型，但如果他们有机会考虑和拒绝有吸引力的替代方案，他们会更自由。

这一点不仅限于雇佣法，也适用于只存在一种受严格监管的类型的任何领域。同样，正如我们所指出的，如果人们反对构成消费者合同的约束，并且如果他们更喜欢"原样"缔约的"露天市场"模式，而非消费者合同的"差使"概念，那么选择理论支持通过销售法为人们提供参与公平交易的能力（前面讨论过的注意事项）。[39]（回顾一下，即使他们确实选择了这种模式，他们的契约仍然受制于关系平等的要求，这至少证成了产品责任法在一定程度上的不变性。）

3. 最小干涉。最后，第三个条件强调了各种粘性默认作为强制性规则的更好的替代方案的意义。伊恩·艾尔斯（Ian Ayres）最近表明，粘性默认可能在效率的基础上被证成。[40]选择理论表明，粘性默认有时在增强自治方面发挥着重要作用。

因此，举例来说，信托法能够而且在某种程度上已经这样做了，解决了上述表达性关切，[41] 在避免强制性规则的同时，通过采用（使用艾尔斯的观点）"阻碍更改规则"，[42] 即只允许有限的、特定的忠诚义务的初始豁免。信托原则还包括了进一步的机制，以确保受益人（或施惠人）的知情同意，以及甚至可能确保他们的定期再次确认。[43]

按照这些思路来质询强制性规则和粘性默认的有效性可能无法挽回（redeem）全部。但是，这种对它们与自治之间关系的精确分析表明，这些规则中至少有一些可能是自由主义的、自治增强的合同法制度的具有吸引力的特征，而不是缺陷。

* * *

契约类型在选择理论中做了很多工作。现在，我们可以看到，类型的多样性既是有序的也是有原则的。契约类型是增强自治的载体（locus），因为每种类型都能提供独特的规范平衡，对人们通过缔约所寻求的东西做出回应。在重要人类活动领域中，各种类型——在这个领域中，这些类型作为彼此的替代品——确保了人们在缔约利益之间拥有有意义的选择。

致力于增强自治的国家有义务确保在每个领域都存在充足范围的类型。在本章中，我们对选择理论的这一核心影响进行了阐述——特别是我们展示了类型如何承载独特的价值平衡，指出了我们所说的充足范围的类型是指什么，并探讨了对在契约类型内选择的限制。但是，如果类型太少怎么办呢？

第11章
新类型的市场

提供领域内类型多样性的自由主义义务意味着合同法改革 的主要方向，并且需要一些详细说明。在本章中，我们分析了选择理论在多大程度上为国家在合同法中行动创造积极的义务——尤其是在就业、住房和家庭领域，在这些领域中，仅靠市场需求可能无法刺激创造足够多样化的类型。我们还对当前关于欧洲合同法协调的争论作出一个简短介入。在下一章中，我们将讨论一个重要的制度关切：谁应该创造这些类型？

我们已经证实，在合同法中，国家是一个纯粹被动角色，这与任何概念上连贯以及规范上有吸引力的自由观都是不一致的。选择理论要求国家积极行动，以确保个人拥有一系列不同的契约类型，其可以成为在任何重要人际互动领域的缔约的替代品。

那么，我们怎么知道类型是否太少呢？如果我们认定类型太少，接下来该怎么办呢？选择理论是否使国家对发起新类型负有法律义务？数量是多少，以及是哪些？简而言之，我们如何将确保类型多样性的义务转化为可行的、合理的和有吸引力的合同法改革计划？这就是本章和下一章的任务。

市场优先

这一讨论的出发点是且应该是，对国家积极作用的怀疑。在大多数情况下，新契约类型的创造是自下而上的、需求驱动的策略，特别是针对市场力量。我们同意基于效率的契约理论，认为需求应是法律创新的重要驱动力；对新契约类型的需求通常证成了它的法律促进（包括了我们在第 10 章中讨论过的注意事项）。[1] 人们对特定种类自愿承诺感兴趣的大量证据积累，通常是法律认可并在必要时进一步促进新兴契约类型的充分理由。

在商业领域，有强大的经济力量催化需求——法律企业家们从一次性创造的新形式中看到了价值，这些新形式随后被标准化、重复，有时还被编纂成离散的类型——因此，合同法在这一领域的任务主要是被动性的，而且很可能继续是被动性的。[2] 我们没有理由认为，长期存在的市场失灵将阻止有价值的新形式的引入——尽管即使如此，法律规范的路径依赖性和粘性可能仍表明新形式具有积极法律塑造的作用。[3]

促进多样性的国家义务

虽然市场是首位的，但对于一个关心自由的国家来说，市场并不是终点。正如我们在第 7 章中所看到的，契约选择理论意味着国家有义务增强选择——该义务有别于效率理论。基于市场的需求并不是触发这一义务的必要条件。恰恰相反，该义务意味着合同法有时应该对新兴创新做出善意回应，即使没有大量需求。

当人们谋求的利益偏离了严格的经济盈余最大化，或者当集体行动问题或其他（比如认知）困难阻碍了将人们对新类型的偏好转化为基于市场的需求时，对市场需求的反应就不能划定国家在合同法中的义务。考虑到缔约价值的多样性，几乎没有理由去相信市场驱动的契约类型必然能提供给我们作为自由个体所需要的东西。在一定程度上，这是因为这种新契约类型的社会效益对于个人法律企业家来说很难获得。因此，增强自治的合同法应该优先考虑法律的促进作用，可以通过新的缔约实践更好地支持自治这一背景。

很难指望法律体系会惯常地发明新契约类型。事实上，鉴于国家机构在提出适当创新方面相对于契约当事人而言处于相对劣势，以这种自上而下的方式履行国家增强选择的义务往往是不可取的。因此，至少在典型情况下，合同法的载体不需要（可能甚至不应该）进行创新设计。

相反，他们应该积极主动地寻找创新——比如那些基于少数派观点和乌托邦理论的创新——这些创新具有一定的吸引力，但如果任由人们自行其是，这些吸引力就会因为可预测的市场失灵而消亡。这（大致）就是威廉·埃斯奎奇（William Eskridge）呼吁立法研究委员会设立的原因，以颂扬他所描述的"依赖于'实用主义框架'的多元化家庭法"的出现。[4] 即使没有显著的明显需求，国家也应该倾向于这种创新，因为这些群体有为人类繁荣增加有价值选项的潜力，从而大大拓宽人们的选择。这种立场促进了某些所谓的实验主义——在司法管

116

辖区内以及跨越司法管辖区——适用于合同法改革。[5]

这种实验主义不可避免地依赖于非法律基础（如紧密联系的群体的社会规范）或可行的默认概论。这一点上，这些概论遵循了威利斯顿式模式，从表面上看，这可能表明我们已经上了山，却又退了下来。然而，这种关切被夸大了。其一，实验策略确实存在非法律来源。其二，即我们在第 12 章中讨论的，依赖于其他法律体系的指示性契约类型的比较策略。其三，也是最根本的一点，目前可用的默认概论没有必然性。

选择理论解决了这一点。虽然承认单薄自愿性是所有契约类型的共同点，但我们的方法建议我们用一个真正的独立缔约的剩余类别来取代目前所谓的"一般"合同法，这个类别是为促进独特选择的任务而恰当地设计的。[6] 因此，选择理论在促进其自身最重要的改革计划方面发挥了工具性作用。

鉴于强有力的市场驱动对这些类型的推动，提供新契约类型的义务可能（几乎）与商业领域无关。但它给其他三个广泛缔约领域带来了相当重大的影响——总是依赖于我们在第 12 章中讨论的一系列限制和制度关切。现在，我们简要概述一些关于选择理论应如何影响合同法方向的"下一步"问题。

新颖的就业形式

选择理论建议改革就业领域，不仅要像我们之前提出的那样，[7] 允许在雇员和独立缔约方身份之间有更多选择，而且还要支持新颖的契约类型的出现。旧的、被迫的二元雇佣合同类型的选择——为早期基于工业经济而研制的——不太可能与人们从当今所遭遇的更加多样的工作世界中谋求的东西相吻合。

1. 自由/因由选择。 实证研究表明，大多数雇员不正确地认为，只有在有正当理由的情况下他们的雇佣才可以被终止，但仍有约 85% 的非工会雇员可以被随意解雇。[8] 在美国各州（奇怪的是，蒙大拿州除外），自由雇佣（employment-at-will）是默认的雇佣合同类型，适用于没有固定期限契约的雇员。[9] 要使这种默认更加明确和明显，可能会以正式法律迄今为止无法实现的方式澄清雇主对雇员的义务。一个简单的办法是，国家同时提供两种类型的雇佣合同，并要求其雇主登记为提供"自由"或"因由"雇佣，并以明显的方式通知雇员这种选择。这样的制度将为雇员提供一个每个公司提供的雇佣关系的基本特征的显著指示。

我们还可以更进一步。各州在三个主要维度上对"自由"的定义不同：是否存在公共政策的例外？是否存在默示契约例外？是否暗示了诚实信用和公平交易的盟约？有些州认可所有这三个方面——使其更接近于"因由"类型——大多数州处于中间位置，有些州全部都不认可。[10] 作为一名雇员，你获得了"国家选择"的组合。也许国家可以定义并使一种其他的"自由"类型成为可能，它提供了不同的例外集群，对应不同的规范平衡。

2. 依赖型缔约方。 对一种新的中间类型的需求——被不同地称为"依赖型缔约方"或"独立工作者"——似乎正在迅速增长，并得到了各政治派别以及劳工和商业团体的支持。[11] 在加拿大、德国和瑞典已经出现了这种新颖的就业类型的样式。[12] 与独立缔约方一样，这种中间类别的工人提供其自己的设备并控制其自己的时间，但与雇员一样，他们中的许多人在经济上依赖于特定公司，很容易受到没有通知或离职补偿金的解雇损失的影响。

虽然所谓的"共享经济"为这种新类型的某些样式创造了有力的需求，但现行法律目前阻碍了它在美国的出现。正如美国地区法官文斯·查布里亚（Vince Chhabria）最近针对在一个持续争议中的受限选择所写的那样："陪审团在本案中是方枘圆凿的。加州法院在 20 世纪研制的分类工人的测试对于解决这个 21 世纪的问题并没有多大帮助。……也许来福车（Lyft）*司机应该被完全视为新类别的工人，需要一套不同的保护措施。"[13]

当有强有力的证据表明工人和企业都想要不同的东西时，为什么还要继续强迫工人进入现有的盒子里呢？这是逐个州实验的绝佳领域。设计这种新就业类型并非易事：法律必须正视我们在第 12 章中讨论的监管套利和边界争端挑战。[14] 此外，任何新类型都必须满足关系正义关切所提出的最低但强制性的基线。但是，如果这些关切都得到了满足，那么限制选择的竞次理由在这里似乎也没那么严重了。一个致力于增强自治的国家不应该阻碍新就业类型的出现，这些类型为人们提供了他们在这一领域中想要的。

3. 工作分担制。 还有一些与现行的雇佣合同二元结构相去甚远的其他可能性。工作分担制（job-sharing）——不要与工作共享制（work-sharing）[15] 混淆——已成为一种特别有吸引力

---

* 来福车，是美国的一款打车软件。——译者注

的灵活工作安排形式。[16] 它允许雇主留用初为父母者、尚未打算退休的年长雇员以及其他希望在工作/生活平衡中较少工作的人。

　　在美国，工作分担制首先在法律行业流行起来，当时律师寻求缩短工作时间，但受到工作量要求和人事预算的限制。[17] 随后，这种机制蔓延到美国的大公司，其中有一半的公司现在提供某种类型的工作分担制安排，通常是非正式谈判达成的。[18] 联邦政府也一直在积极主动推动创造具有工作分担制机会的公共部门工作场所。[19]

　　但是，没有理由认为目前工作分担制样式已经穷尽了这种契约类型的潜力。法律可以有助于扩大其在联邦政府之外，以及超出律师和大型公司背景之外的可用性。消除工作分担制安排发展的法律障碍是第一步，也是必要的一步。[20] 其他国家，如意大利，甚至已经走得更远，通过将工作分担制定义为一种独特的契约类型积极主动地推动工作分担制的发展。[21] 最后一步通过稳定关于责任、归因、决策机制、时间划分、共享空间和设备以及休息日可用性的契约默认，使工作分担制在文化上更加突出，在经济上更加可行。

　　4. 劳动法中新颖的契约类型。 到目前为止，我们关注了在（个人）雇佣法中的契约类型多样性。但我们的论点同样适用于（集体）劳动法的情况。自 1935 年通过《瓦格纳法案》以来，工会一直是美国劳动法的中心，是确保工人与雇主谈判时关系平等的主要途径。[22] 但除了工会之外，还有工人合作社、员工持股计划（employment stock option plans，ESOP）以及非工会合作结构——即一系列集体雇佣契约类型。

119

虽然工人合作社已经存在了一个多世纪,[23] 但直到 1982 年, 马萨诸塞州才成为第一个通过法律专门支持工人合作社作为公司形式的州。[24] 从那时起, 又有 11 个州通过了工人合作社法案[25], 这有助于在公共意识中巩固这种契约类型, 并提供一个框架来支持工人合作社的生存和发展。[26] 例如, 加利福尼亚州通过的《工人合作社法案》(Worker Cooperative Act) 使工人所有制企业更容易筹集资金和扩大工人雇佣规模。[27]

同样, 员工持股计划也成为了工会的一种替代方案。[28] 在员工持股计划下, 雇员的部分工资以公司股票支付, 从而使公司及其雇员的利益保持一致。[29] 员工持股计划的发展最初受到 20 世纪 70 年代立法支持的刺激, 这些支持创造了一系列税收补贴。[30] 到 1990 年, 有超过一万家公司采用员工持股计划。[31] 随着工会成员的降低, 员工持股计划已成为集体雇佣的一种可行的替代性契约类型, 该类型有助于灌输其自己不同的劳动关系形式。[32]

美国劳工领域明显缺乏的是非工会合作结构的使用——例如联合劳工管理委员会、参与式团队和代表委员会。尽管这些机制在日本等发达经济体很受欢迎,[33] 但它们在美国仍被列为非法的, 这是《瓦格纳法案》下长达八十年的"公司工会"禁令的产物。[34] 如果这一过时的禁令被废除,[35] 让工人们选择是否采用非工会合作结构, 例如通过多数表决, 这种结构能为劳工和雇主双方都提供一种替代性的劳动合同价值类型。[36]

这些建议绝不是选择理论所要求的全部内容。同时, 这些初步想法也并不旨在证实这些改革中的任何一项是必然需要的。选择理论所建议的是充分的多样性——是美国雇佣法和劳动法尚未实现的一个规定。[37]

有志家庭[*]

选择理论颂扬在家庭背景中传统契约类型替代方案的发 120
展。这种方法既与亲子关系的"垂直"维度有关——考虑收养
和代孕——也与传统婚姻替代方案的"水平"维度有关——例
如同居、民事结合以及契约婚姻。

1. 亲子关系。选择理论支持比目前更广泛的家庭组建替
代契约类型。我们已经看到了收养的契约类型在缓慢增加，例
如，目前包括"封闭式"和"开放式"类型。鉴于辅助生殖
技术的日益成熟、生育开始延迟和生育力的下降，以及同性婚
姻的合法化，代孕正崭露头角。[38]

各州和各国之间的代孕实践（如果有的话）存在很大的
差异（某些地方宣告代孕不合法）。我们没有必要参与这些激
烈的争论。[39]对于选择允许"妊娠"代孕（卵子并非来自代孕
母亲）的州来说，选择理论表明，这些州应确保一系列契约
类型的可用性。实际的代孕合同反映了代孕者和预期父母正谋
求的相当多样的利益。有些人想要紧密共同体，包括孩子出生
后与之保持持续关系；有些人则不希望有任何接触。有些人希
望他们的契约反映出对直接医疗服务支付有限费用的利他主义
交换；其他人则希望通过支付服务费（包括收入损失）进行
更多的商业交换。

---

　　[*]　有志家庭（aspiring family），是指法律可能认可的非传统的家庭关系，如同
居伴侣及其子女、自愿亲属团体、多代同堂团体等。——译者注

如今，代孕者和预期父母面临着多重挑战——医疗费用；给代孕者的、卵子和精子的费用；以及前往代孕合法的州的旅途费用。[40] 然而，一个重要的成本是，由于围绕执行不确定性和契约的高风险，每份代孕合同都是昂贵的、经过大量谈判的事件。[41] 缺乏标准化的契约类型将代孕的可行性限制于较富裕的、有能力承担就条款谈判的高昂预付法律费用的当事人（尽管专门律师协会的出现可能减轻这种费用[42]）。这是某种契约的自由，而不是广义的"契约自由"。

选择理论认为，像加利福尼亚州这样认可妊娠代孕并执行一系列广泛代孕合同的州，还有其他作用要发挥。它们至少应提供两种契约类型——"利他主义的"和"商业的"——而反映人们谋求的不同利益以及已经出现的缔约实践。[43] 而且可以提供的有吸引力的类型可能不止仅仅这两种。正如消费者合同和雇佣合同，这些增强自治的代孕合同类型应被置于监管范围内，该范围涉及内部价值，特别是剥削和商品化，以及其他外部的公共关切。

121
2. 婚姻的替代方案。现在，我们转向婚姻及其替代方案。如今，人们谋求而且合同法也应支持的，较已婚或单身的旧划分范围更广泛的亲密家庭财产安排——从护照到入院，每份正式申请上都会出现熟悉的复选框。例如，我们支持一种方法——大体上反映了现有教义——在这种方法中，同居法不应模仿婚姻法，而应被塑造成一种以不同程度的配偶承诺*为特征的独

---

　　* 配偶承诺（spousal commitment），是指一个人对关系继续下去的评价，以及他在多大程度上拥有安全感、安心感和信任感。它表明了继续婚姻、拥有婚姻稳定、表达爱意和更恰当地解决问题的愿望。——译者注

特契约类型。[44] 对同居法的这种理解有助于使同居成为婚姻的可行的替代方案。它还有助于证成婚姻合同的不可改变要素——特别是事后公平审查和根据情况变化进行修改的司法权力。[45] 正如我们在第 10 章中所指出的，拥有充足的契约类型（如婚姻）的替代方案（如同居）是强制性规则自由主义正当性的重要组成部分。

这个例子概括了：家庭可用的契约类型的多样性应当首先反映出关于构成"家庭"的日益多样化的实践。因此，选择理论也有助于解决最近关于民事婚姻本身合法性的争论。反对者认为，将婚姻制度化违反了基本的自由主义规则，因为它认可了一种有争议的全面的利益观念。[46] 作为回应，拉尔夫·韦奇伍德（Ralph Wedgwood）最近提出，民事婚姻制度化是正当的——至少就其处理配偶相互义务的核心特征（这是我们在此唯一感兴趣的）而言。他主张，婚姻对于满足许多人生活中的最基本愿望是必要的，而且进一步说，婚姻不会伤害其他没有这些愿望的人——只要国家不以含蓄地污名化其他生活方式的方式积极促进婚姻。[47]

但是非二元关系* 又如何呢？韦奇伍德提供了三个论点反对这些关系的倡导者：①非二元当事人可以定制契约性安排；②当且仅当大多数人开始支持这些关系类型时，用他们喜欢的安排取代婚姻才有意义；③支持多元关系很可能会重现"一些历史上伴随着多配偶制的危害"。[48]

选择理论认为，这种回应的前两点是不充分的：第一个观

---

*　非二元关系（nondyadic relationships），是指涉及两个以上的人的关系包含多元之爱，开放式关系和其他形式的双方同意的非一夫一妻制等概念。——译者注

点掩盖了契约类型可用性的自治的重要意义；第二个观点不正当地认可了一种在家庭领域的契约类型的霸权。事实上，鉴于传统二元关系的法律促进意义，以及我们家庭安排对我们所选择的利益观念的意义，我们的理论暗示了，法律不应该仅仅满足于支持婚姻，甚至满足于——或者可能特别考虑到——其广泛使用。法律还应谋求促进替代安排。在此语境下，那些既对个体自决至关重要又充满社会敌意的安排，尤其要求国家承担起相关责任，包括关注少数派或乌托邦式的替代安排。

多样性义务并不意味着法律应该支持有害的安排。这种对法律促进义务的限制——既基于关系平等，也基于合同法之外的价值——可能意味着，鉴于多配偶制合同类型"利欲熏心且随便的近代史"，它不应得到认证。[49] 我们在此无法对这一方面作出判断，无论如何，这对我们的目的来说都是不必要的。无论多配偶制的情况如何，还有其他可能的途径去多样化国家的家庭合同类型清单——特别是通过促进"非婚姻有志家庭"，例如多代团体以及自愿亲属团体——这些看起来似乎无害，因此可以安全地作为可行的替代方案。[50]

房屋所有权的新颖模式

私法——更具体地说，财产法——已经提供了丰富的房屋所有权模式菜单。除了传统的形式，如永久地产权、租赁和分期销售安排，我们现在有越来越多的权益共享住房开发，包括托管公寓和合作社（合作组织）。然而，对于在住房领域做出有价值贡献的增强自治的合同法来说，仍有空间。

我们在这里仅指出目前合同法文献中新颖类型的两个有前景方向——住房净值保险和共有产权住房。到目前为止，这两种类型都是为了回应公共关切而发展的。第一种类型主要是由次贷危机的经验教训触发的，主要与中等收入家庭相关；第二种类型出现在低收入家庭的经济适用房的讨论中。虽然公共的宏观关切很重要，但我们认为，即使将其搁置在一边，从自治增强的契约价值内来看，也有很好的论据来支持这些提议。

1. 住房净值保险。住房净值保险是一种很有前景的新颖契约类型，它允许房屋所有人分担或卸下因房屋所有权而产生的主要单一风险——住房价值因街区或当地住房市场变化而降低的危险。通过采用这种契约类型，业主与他们的住房形成了不同的关系。他们仍然负责住房价值的就地影响，这些影响来源于房产在物理界限内的变化，并且他们有能力控制或防止这些变化。但是，他们（相对地）免疫于由其直接控制之外的因素所产生的风险。[51]

虽然市场上已有的保险和金融产品已经部分地提供了这种替代类型，[52] 但它们存在缺陷而且没有被广泛使用。[53] 有两种主要类型，即"有上限的权益保险计划"和"权益对冲"。第一种类型是房主有权根据住房市场中的波动获得补偿，但有一个最高值的上限，并且可以在未来的特定日期行使。第二种类型支付了由场外原因造成的住房价值损失的一定比例。[54]

两种现有的形式都没有摆脱困难。例如，权益保险的可行性引发了道德风险关切，即如果房主认为该计划可以赔偿他们的损失，那么他们将较少有动力来保持住房维修良好或在再售时为了获得好价格而积极谈判。（目前在纽约州锡拉丘兹市实施的一项试点计划，试图通过使用一个公式来解决这些问题，这个公式基于住房邮政编码区域内的平均定价变化来确定固定的保险支出。）与此同时，住房价值对冲需要成熟的设计，以说明战略行为、通货膨胀、业主等待出售时间的不确定性以及其他市场特征。[55]

此外，这两种现有形式都失败了，至少在一定程度上是因为它们还没有合并成连贯且稳定的契约类型。正如李·安妮·芬内尔（Lee Anne Fennell）所说，要使这些替代类型更加可行，甚至更普遍，可能需要一个"用户友好型风险管理界面"，即"现成的"围绕就地风险和场外风险形成的议价基础的契约性安排。[56]

换句话说，它要求新契约类型的创造，邀请个人买家和卖家定制新所有人将面临的风险程度——类似于传统抵押贷款形式的创造（其本身就是联邦政府契约类型创造的产物）。[57]按照这个思路，新契约类型应该对许多中产阶级家庭具有吸引力，因为它将为他们提供一种摆脱过去十年的"金融过山车"般的住房体验。

2. 共有产权类型。对于一开始就无力购买的低收入家庭来说，权益保险并不能提供一个可行的租赁的替代方案。对于收入不高的人来说，遵循选择理论的多样性规定是具有挑战性的。可以有理有据地说，它可以通过使用非常规的权属模式来实现，比如社区土地信托、共有和有限产权合作以及限制合同住房。其他方法包括互助住房协会和分享增值抵押贷款。[58]这些共有产权住房模式"（通过）引入管事人制度重构了'所有人的利益'……防止失去价格合理的住房"。[59]但是，这些模式往往会引起（包括其他的）相当棘手的监管问题，而且通常依赖于某些公众（或急公好义的）资助。[60]

我们无法在此对这些挑战提供任何简单（或其他）的解决方案——正如某些其他契约类型[61]——这些挑战可能不仅需要新颖的契约性安排，还需要支持性的公共监管基础设施。我们的目标是将这些经济适用房项目概念化为可以作为租赁替代品的契约类型的亚种，这一目标更为适当：以展示契约选择理论的潜在改良主义影响。

为广泛存在的住房获取问题提供充足的替代方案，不应仅被视为低收入家庭倡导者政策议程的一部分。同样，帮助中等收入家庭区分以房为家和以房投资，也不仅仅是私人保险市场的工作。我们认为，这些也是受选择理论的自治增强承诺影响的合同法议程的紧迫事项。

欧洲多元化

我们暂且从美国背景下的缺失类型的市场转向欧洲合同法中的一个相关问题。创造单一的"欧洲"法是否意味着契约类型将更少？在欧洲，合同法正经历着重大发展。国家法律体系的多元群体正逐渐转变为共同体，并且现在是一个联盟。这种转变值得真正的专家分别讨论，但我们均非问题的专家。我们在此的介入是不太多的，尽管作为一种调和迄今为止被认为是内在对立的观点的方法可能是有用的。

关于欧洲合同法的重要争论之一与"协调"的规范价值有关。对创造一个统一的欧洲合同法的反对有许多形式，其中大部分与我们的论述无关。然而，有一种反对意见是相关的。这种观点颂扬了现行国家合同法的多元化，因为它允许任何成员国的公民选择退出"他们不喜欢的以及选择加入他们更喜欢"的法律传统。[62] 作为回复，协调的倡导者认为，将法律多元化置于法域间的层面可能会产生不合意的碎片化，[63] 而且它可能促进监管竞争进而导致"逐底竞争"。[64]

我们无力公断这场争论，但我们的契约自由观点可能提供一条有吸引力的前进道路。如果欧洲合同法是按照我们提出的选择范式制定的，那么它可能既能保障协调的益处，又能保持基于选择的多样性的释放潜力。[65]

从选择理论的角度来看，这些价值都是并驾齐驱的。因此，如果要有一部单一的欧洲合同法，那么它就应该是选择理论样式的———一部为个人提供多种契约类型的单一法律，这些契约类型与人们谋求的实际利益多样性相对应。与其选择德国法或法国法，选择理论建议向人们提供德国法和法国法以及其他必要的契约类型，以确保整个欧洲缔约当事人的有意义自治。因此，欧洲合同法可以确保其使用者的选择自由不低于从基本的国家合同法制度多样性中已经可用的自由。

为了更有力地说明这一点，增强自由的欧洲法律可能有义务支持在人际互动的核心领域内，比国家层面已经可用的契约类型的总和更多的契约类型，并进一步确保这些契约类型有充分的区别，从而遵守选择理论的规定。

* * *

投资于少数派或乌托邦式契约类型的部分价值恰恰在于大多数人不会选择它们。自治要求人们有能力从有意义的、不同的选项中作出选择。我们是更自由的人，我们更有信心成为我们自己生活的作者，不仅通过我们选择的契约类型，还通过那些我们积极拒绝的契约类型。因此，即使对于某些新契约类型（还）没有显著的市场需求，即使它们可能只吸引一小部分潜在的缔约方，合同法也应确保某些此类型的可用性。

　　虽然自由主义合同法有义务支持新契约类型，但也有其限度。在某种程度上，增加另一种类型的边际价值在自治收益方面很可能是名义上的。当国家增强自治的义务得到满足时，那么合同法就提供了足够的类型。那些仍然想要更多的或不同于"契约自由"的东西的人，可以使用独立缔约的剩余类型来精心定制其自己的契约——也就是说，他们保留了（升级版的）古典契约自由。

第12章
实践中的选择理论

幸福的幻想？

我们现在已经阐述了选择理论，并展示了它是如何主导现有方法的，无论是以自治、效用还是共同体为基础。但是，提供更好的理论并不是我们唯一的目标。我们相信，在实践、学术和教学中实施选择理论的改革议程将有助于增强现实世界中现实人群的自决。因此，从理论到实践的道路是首要的。

贯穿全书的每一步，我们都提出了具体的改革建议。这些建议不足以构成合同法重述，但或许足以证明选择理论并非乌托邦式宣言或幸福幻想。我们希望这些例子在应用和解释各种契约教义的日常工作中指导合同法制定者。但是，我们的改革建议所指向的合同法制定者是谁？他们有能力实施选择理论吗？选择范围为何？

我们的理论不仅要关注多样性的自治增强潜力，还要关注其范围。同样，我们必须考虑哪些机构——如果有的话——能够胜任改良主义的任务。总之，选择理论提出了棘手的实质和制度关切。解决这些关切是本章的任务。

　　简而言之，我们认为应该拒绝无限制地呼吁多样化。有时，认知、行为、结构和政治经济方面的原因意味着，更多的选择实际上可能会降低自由。但这些情况只是某些契约类型或市场结构的局域情况而不是整个契约的普遍情况。坦率地说，我们只是不知道在哪些情况下，这些关切的可能影响大到足以证成限制多样性。这并不奇怪，因为一个多世纪以来，在扁平化和普遍化的威利斯顿式方法的影响下，我们一直将这些问题隐藏。因此，具体来说，选择理论现在产生的是一个广泛的研究议程。本章的第一节涉及了这些实质性问题。我们打开了一扇门，并希望别人会走进来。

128

　　还有一个问题，即谁来实施选择理论。我们贯穿于全书的观点谈到了"民主政体"需要什么，以及"合同法应该"如何做这做那。这是一种有风险的表达方式。这可能表明，我们认为"法律"在某种程度上是自发行动的代理人。其实不然。法律是一套强制性的规范制度，因此法学理论必须始终关注制度维度。这里的问题是，是否存在现实机构有能力作出选择理论所暗示的权衡。

　　简要的回答是，实施选择理论是一个比较制度能力的问题。例如，在商业领域，我们期望私人当事人主导契约类型的创造，而在家庭和就业领域，其他更多的公共行动者可能发挥带头作用。本章后半部分将探讨这些制度问题。

对多样性的实质性限制

　　到目前为止，我们认为类型的多样性有利于自治。在其他条件相同的情况下，情况确实如此。但其他条件并不总是相同的，而且多样性也不是无代价的。有时，类型之间的太多选择（"契约自由"）最终会降低而不是增强自由，例如，多样性会诱发竞相逐低——在这个漩涡中，弱势方系统性地默认为不利类型。我们看到了四个主要问题，可能需要积极限制多样性，或至少防范其潜在陷阱：

1. 认知约束。 如果有太多不同的类型，那么多样性本身可能会限制人们的高效选择——这一"悖论"认知心理学家已有完备记载。[1] 让我们感到振奋的是，人们在管理商业领域的契约类型的广泛多样性时似乎并没有遇到太多困难，并猜想，以此类推，在达到认知上限之前，在其他领域还有增加类型的空间。但是，解决这种认知局限对合同法设计来说是一个微妙挑战，在此暂停很重要，否则就超出了我们的讨论范围。（然而，可能值得一提的一点是，我们关注的是妨碍选择的认知约束，而不是选择实践有时会产生的纯粹的负效用。[2]）

129 **2. 边界争端。** 多样性还可能引发源于事后机会主义操纵的边界争端。[3] 这种困难并不能否定契约类型多样性的价值，部分原因是考虑到预期交易的一个显著模型（或几个显著模型）可能会降低事后误解的可能性——至少与通过必然模糊的"一般"合同法缔约的替代方案相比。

但是，边界争端仍然给法律架构师带来了挑战。在这一领域，比较法方法可能成果颇丰——欧洲民法在合同法类型方面有着深刻经验，从而在管理边界争端方面也必然有深刻经验。[4] 如果法律成功传达了各种契约类型的能动原则，那么它们的成本可能会降低。[5] 我们希望，我们对重振类型在合同法学术及教育中的重要性的呼吁能在这个方向上做出微薄贡献。尽管我们承认这种劝告效果可能还不够。

因此，我们承认，出于对"边界套利"（boundary arbitrage）问题的担忧，为契约订立设置更严格的形式要件或许具有正当性——而且此类形式要件应当经过精细化设计，以确保缔约双方对契约类型持有一致认知。[6] 为预先回应一种可能的质疑，我们认为，此类"合同订立规则"（entry rules）的设计应当遵循一个原则，即不能被合理地视为对人们行动自由的重大阻碍。另一种替代方案是在合同订立后进行衡平性审查（ex post equitable inquiry），但我们总体上不赞同这种做法。

3. 弱势方。 为相同的活动提供一些替代性的、标准化的类型通常会为较弱的一方提供选项，就像价格竞争增加了消费者的选择一样。一般来说，选择增强了自由。但情况并非总是如此。

支持我们方法的合同法改革者需要谨慎行事，不要添加类型，有时甚至不要提供多种类型，因为这样做很可能会破坏自治。在前一种情况下，其他的类型很可能会触发事后套利——如同我们刚刚讨论过的那种——由拥有更大杠杆力的一方进行。在那种情况下，增加新类型可能导致绕过关系平等所规定的规范基线，因为它适用于这些当事人。

后一类情况则更加引人注目。在这里，我们考虑到了多样性可能破坏弱势方自治而非像通常那样扩张它的市场结构。事实上，存在不对称的情景——例如，在失业率不可忽略时，无技能工人的市场——导致雇主的谈判能力明显大于雇员。劳动力市场中的这种"摩擦"可能导致买方垄断，在这种情况下，多样性可能引起逐底竞争，从而系统性地减缩自治。[7]

4. 政治经济。某些契约类型可能特别容易受到利益集团寻租风险的影响。[8] 当这种寻租导致的削弱自治的后果很可能超过新增契约类型带来的自治利益时，改革者不应再支持新类型。

这四个问题是我们可以看到为什么合同法有时必须限制而不是扩大类型的主要原因。还有其他可能的问题，但在我们看来，这些问题导致的风险水平较低。例如，将合同法分解为不同类型可能会阻碍相互促进和学习，但只有当我们忽略了各种契约类型的共同特性时，这种风险才会成为现实，而这恰恰是选择理论所抵制的。事实上，将工作、住房和亲密关系领域的契约类型重新整合到契约类别中，有助于维持其作为一种思维类别所必需的通用词汇。

总之，类型之间的更多选择通常会增强自由。可能往往较少见，但在一组重要的情况下，我们认为多样性可能会起到相反的作用。确定类型之间的选择范围构成了选择理论研究议程的重要部分。我们将这些难题交给那些具备合适技能的人进一步研究。

制度关切：谁创造类型？

我们在本书中提到合同法时，特意将一个重要的实施问题暂搁，即确定这些任务的适当的制度代理人。法院或立法机构——自由社会中通常的合同法制定者——能否发挥选择理论要求的作用，即他们能否保障契约类型的多样性？像美国法学会和美国统一州法委员会这样的私法制定机构怎么样？公共利益团体、私人律师事务所和游说者的作用是什么？

这些都是基本问题。与其他类型的社会规范不同，法律总是制度化地表达，而且其制度形式往往也随之而来。因此，在决定如何——以及可能甚至是否——推进我们在第 11 章中提到的任何新类型时，仅仅提出我们迄今为止讨论过的实质性问题是不够的。我们不能避免涉及制度性问题。相关的法律行动者是否有能力实施选择理论？

1. 商务合同的挑战。要理解这里的挑战，请考虑施瓦茨和斯科特在第 5 章中关于商务合同的论证。在那里，他们提倡立法机构和法院退出制定合同法规则和类型。在他们看来，即使是最好的私人机构，如美国法学会和美国统一州法委员会，也不应该制定商业合同法，而应采取尽量少干预和被动的立场。他们认为，所有这些机构都存在难以克服的结构性缺陷，使其无法成为优秀规则（或标准）的制定者。[9]由于存在太多微妙的缔约背景和太多实现利益最大化的方式，精明的缔约方将在一定的非微不足道的成本下，用特定参数的规则来代替外部机构制定的任何默认规则。

施瓦茨和斯科特的作品认为，与相互竞争的法律机构相比，精明的商务当事人更擅长提供商业法律规则。他的论点的关键在于，私人商务当事人共享了一个评估契约条款的财富最大化标准。此外，他们也有动力去做好设计工作，因为他们获得了他们从每种情况（或一系列情况，对于重复参与者而言）中产生的大量盈余。

这就是选择理论面临的挑战。如果为商务合同编写高效的默认规则对于法院、立法机构甚至美国法学会来说都过于复杂，那么我们为什么认为任何法律制定机构都能实施选择理论呢？也许，我们应该把契约类型的创造留给市场参与者。

这个结论来得太快了。从成熟的商务合同背景推断到整个缔约是错误的。即使我们假定在商业背景中起草财富最大化条款相对简单（事实并非如此），制度研究也总是取决于可能的行动者的比较能力。[10] 当当事人的首要目标偏离财富最大化时会发生什么？如果当事人无法从发展新类型中直接获得收益怎么办？那么就没什么理由指望市场需求和私人行动者来驱动充足类型的创造了。

摆脱商务合同的背景并不会突然使法律机构变得绝对更有能力，但可能会使它们相对更有能力。在利润最大化的背景外，典型的当事人会受到约束（尤其是集体行动问题），这很可能使他们在创造契约类型方面不如法院、立法机构（公共或私人）或其他政府机构或民间社会团体有能力。即使一个法律机构可能并不非常适合这项任务，但它可能仍然比缔约当事人更适合。因此，施瓦茨和斯科特关于商务合同类型的观点并不普遍适用。特别是，他们的挑战并不适用于威利斯顿范式所边缘化的以及选择理论所强调的那些缔约领域。

2. 识别新类型。 对制度持怀疑论者最好回答是，不断发展的合同法对支持多样性义务的显著遵循（尽管有瑕疵且不充分）。选择理论所要求的与跨越合同法辖区出现的新类型路径之间已经存在显著契合。

例如，考虑一下"同居"，这是一套不同于婚姻合同的司法创设的配偶间相互的义务。[11] 当其存在，如果同居者一方有显著不对等的贡献时，该原则确保补偿——如果这种不对等是通过"对以另一方名义命名的房地产或个人财产的大量权益投资"或通过超出"共同生活的普通妥协"的服务而产生的。[12] 这一司法创设的教义在某种程度上将同居构造为独特的契约类型，有助于稳定在婚姻与例如室友之间的长期非正式的亲密关系。[13]

同居者未能获得立法认可，也许可以用集体行动和政治经济学描述来最好地解释。[14] 无论原因为何，从自治增强的角度来看，这一结果是不幸的。让情侣们在同居和婚姻之间进行选择比"一刀切"类型要好得多——尽管婚姻允许围绕其大多数规则缔约。在条款上进行谈判是代价高昂的。在这种亲密领域中，要求当事人创造其自己的安排尤其困难。

对于合同立法机构来说，为了增强现实世界中当事人的自决，类型提供者需要一些实际人们会如何响应他们设计的契约类型或受其影响的证据。在此，法院恰恰就是这样做的。他们选择了新兴的——尽管是少数派的——创新，然后动员合同法来确保其可行性。展望未来，我们没有理由认为立法机构（或像美国法学会这样的私人合同法制定机构）没有能力修补和巩固新兴类型。假以时日，立法认可可以使它稳定，并有助于强化其在文化上的独特意义（受制于上文提到的多样性成本的注意事项）。

3. 选择的增量扩展。对制度能力的适度关切对选择理论有进一步的影响。法官和立法机构（以及美国法学会和美国统一州法委员会以及类似机构）可能不应该从头开始创造类型。在缺乏其他司法管辖区的比较经验或局域表达需求的情况下，他们将如何作出决定？

也就是说，选择理论的最低义务是，对于给定契约领域，存在不止一种显著的契约类型，因此人们不会被引导到仅有的法律提倡的选项上。这种最低限度的义务并不必然要求合同立法者明确一种新类型。可能只需使边缘性选项更加突出，然后提供某种程序，让当事人可以通过该程序管理通常由新安排引起的系统协调（或其他）问题，这就足够了。

例如，在就业背景下，创造成熟的新契约类型可能比较困难。但我们在第 11 章中讨论过一些更为不错的步骤。国家可以要求雇主登记为提供自由雇佣或因由雇佣。对法律机构来说，在已有的类型中创造选择并不是一项过于苛刻的任务；无论它们面临怎样的制度性困难，都很难理解为什么它们在实施这种直截了当的增强选择的改革时可能会失败。

为了创造像"工作分担制"这样的新雇佣合同形式，需要采取一种更艰巨的方法。一方面，市场力量似乎不太可能产生这种稳定且稳健的形式。另一方面，目前所提供的具体解决措施（在第 11 章中指出的）也可能是次优的。何以平衡？在我们看来，所提供的特定类型的质量，似乎比任何此类方案的想象力工作的价值要小。使工作分担制的想法可行是关键的一步，即使以后在市场上有很大的修补空间，以及法官和立法机构的完善空间。

引入新契约类型的最后一种、或许也是最有力的一种制度机制，就是通过比较方法借鉴其他司法管辖区的成功实践。正如我们在第 11 章中所指出的，一个州只需通过选择另一个州已经生效的独特的三个主要自由雇佣的例外集群，就可以提供新就业类型。或者各州也可以借鉴其他国家的经验。例如，创造依赖型缔约方类型并不需要从头开始设想——正如我们所讨论的，加拿大、德国和瑞典已经创造了模板。[15]

正如这些评论所表明的那样，在选择理论中纳入制度维度是复杂的。它要求关注契约领域（或可能类型）的特征、相关法律行动者*的典型特征，以及多样化司法管辖区的特别制度设置（由次国家单位或跨越国家）。它可能受益于比较研究和法律史，它们提供了不断发展（和不断减少）的契约类型的案例研究。在这方面的认真努力可能需要获得我们所缺少的多样化跨学科工具。

＊　＊　＊

我们在本章中的任务是有限的。最重要的是，我们已经排除了实质性和制度性批评是包罗万象的（毁灭性）可能性。相反，我们已经表明，将选择理论付诸实践的挑战是相当容易处理的。它们很可能是特定契约类型和机构设置的局域情况。原则上，它们是经得起研究和实验检验的。

134

　　＊　维特根斯（Ludwig Wittgenstein）认为，立法背景的客观面向对应的是法律行动者（legal actor），而主观面向则对应于政治行动者（political actor）。其中法律行动者，是指那些参与立法过程的各种角色和实体，如立法者、利益团体等。——译者注

结　论

盘点及下一步

我们现在阐述的选择理论，是一种一般的、自由主义的合同法理论。我们不能指望在这本简明扼要的书中探讨契约选择理论必须面对的全部可能挑战或它可能带来的机会，但我们还是试图在此过程中指出了其中一些。

例如，选择理论可以①将施瓦茨和斯科特的成果限制在当事人仅寻求最大化契约盈余的背景中；[1]②将消费者交易重新概念化为"无共同体"（或"差使"）互动，从而强调仲裁和无集体诉讼条款的减少自治的效果；[2]③（谨慎地）论证，在没有外部效果适用的情况下，销售法应当是消费者合同法的一个可行替代方案；[3]④强调例如担保法和信托法等契约类型的文化意义；[4]⑤为长期合同中半不可剥夺的终止权和雇佣合同中竞业禁止条款的有限执行提供自治的理由；[5]⑥调和了保管法的教义难题；[6]⑦重铸违约金的争论，并解决围绕效率违约的困惑；[7]⑧表明在以"关系"为导向的契约中，被承诺人可以获得他们的承诺人通过其效率违约而获得的利润的一部分；[8]⑨为关于强制性规则和粘性默认的争论增添新的转折；[9]而且最重要的是，⑩引导合同法制定者和改革者的努力，以确定那些没有提供充分多样化契约类型菜单的契约领域。[10]

这份清单只是一个开始。我们预计，通过选择理论的视角来评估合同法教义，将指向许多其他的、同样有益的契约局域改革。

选择理论为合同学者创造了一个完全开放的研究议程。例如，实施领域内多样性——即认真对待选择理论中最重要的发现——需要研究认知、行为、结构和政治经济因素，这些因素应该指导类型的发展，并可能限制它们在特定领域的扩张。相似的困境将发生在那些接受挑战的人的身上，他们要设计一种独立缔约的剩余类别，以促进在任何法律支持的契约类型之外的选择，而不是简单地依附于商业合同法。此外，我们还没有详细解释选择理论如何在其他缔约领域中运作，例如国家合同及跨国合同的广泛领域；相反，我们也没有确定整合那些领域需要如何调整选择理论本身。最后，我们一并谈及实施选择的制度性关切——这项任务需要仔细关注特定州和国家的合同法改革结构。

我们希望，到现在为止，我们已经说服了您，选择理论——伴随着其对契约类型和契约性自由的紧密关注——既提供了对合同法多相领域的可信描述，又提供了一个有前景的规范基础，解释了它许多原本令人费解的特征。

在过去的一个世纪里，有关合同法的学术研究已经从普通法的无原则多样性转向威利斯顿的无原则统一性，进而走向弗里德的有原则统一性。选择理论旨在将该领域最终转向有原则的多样性。为了达到这一目标，我们已经摆脱了威利斯顿对

"什么是契约"这一问题的回答以及弗里德对"什么是自由"这一问题的看法。

摆脱威利斯顿

最重要的一点是，合同法应摆脱威利斯顿计划所倡导的普遍化趋势。"一般"合同法的概念，其理论在不同语境下含义相同，是古典法学理论中一个特定历史时刻的一部分，这个时刻已经过去，并留下了许多教义混乱。

现在，选择理论提供了一种关于如何清理大部分烂摊子的自由主义观点。在合同法中，很少应该是"一般性的"。即使是"自愿性"这一最超实质的关切，也应通过不同的、更针对性的、因契约类型和领域而异的理论工具来保障。同样，"诚信信用与公平交易的义务"——也许是当今契约中最普遍暗示的义务——也不应该像我们所论证的那样全面统一适用。许多其他熟悉的教义的适用也是如此。

将这些要点联系起来的主线是，合同法类型的价值是局域性的，并且实现那些价值的教义工具也应该是局域性的。选择理论的关键经验教训是使用特定契约类型的能动原则，而非"一般"合同法的任何整体原则，作为评估该教义的基准，并为其适当演进制定指导方针。[11] 一旦从古典契约理论的束缚中解脱出来——其寻求一个统一原则作为其共同核心——合同法将被证明是自治增强的法律改革的沃土。

选择理论也为合同法教学提供了经验教训。关注所有契约类型共有的问题并不必然有什么错。但学生们应该了解答案是如何根据类型而变化的。即使是基础的合同法课程，也应该花一些时间来全面研究一些契约类型，这些契约类型在任何领域中都可以作为替代品。

这种方法会让学生思考会使类型充满活力的不同规范关切，并让他们思考那些类型的特定理论特征，而不仅仅是触及诸如"公共政策"或"权益"等相对空洞的范畴。学生应该不难理解，可用类型的范围对契约性自由的影响不亚于类型内允许修补的范围。

摆脱弗里德

自由主义合同法不能仅满足于遵循当事人的意志，也不能用弗里德及其追随者所教导的那种方式保护个人的独立。相反，合同法必须主动地增强人们的自治，而这种自治是按照主流自由主义意义上的自决来定义的。

在一个日益相互依存的世界里，自决往往要求人们承担互惠互利的自愿义务。但我们面临着许多物质和文化障碍。乍一看，嵌入在一系列契约类型中的合同法教义清单看似令人困惑，几乎是混乱的。选择理论将焦点集中在理论混乱上，并表明法律对反复出现的谈判困境的各种解决措施不是随机的。它们回应了人们缔约的活动领域，以及人们谋求的不同契约价值，无论是效用、共同体，或是这些利益的混合。

选择理论还指明了前进的方向：国家有义务确保在人际互动的每个重要领域中多样的、规范上有吸引力的契约类型的可行性。只有这样，合同法才能符合其最基本且必要的要求，使人们能够通过合法地招募他人参与其最重要的计划，从而使他们的生活有用意地属于自己。这就是自由对契约的重要性。

致　谢

这个项目依赖于许多人的支持和宽容，因为它已经从午餐时间的谈话发展到短文，到文章，然后到书籍。

首先，我们感谢查尔斯·弗里德、艾伦·施瓦茨和罗伯特·斯科特。我们通过他们的学术视角学习了合同法，并且我们特别感谢他们对这本书时常的、批判性的且总是有用的评论。

这本书代表了我们与他们以及我们在本书中提及了其成果的其他主要合同法理论家之间持续对话的一些瞬间，这些理论家包括彼得·本森，格雷戈里·克拉斯、乔迪·克劳斯、丹尼尔·马科维茨、约瑟夫·拉兹、阿瑟·里普斯坦和西纳·希弗林。我们试图谨慎地展示他们的观点；他们指出了我们论证的不足之处；并且我们对此进行修改以做回应。这种往来正是学术的魅力所在。

此外，在写作过程的各个阶段，我们从细心的读者处获益良多，包括朱利安·阿拉托（Julian Arato）、阿迪提·巴吉（Aditi Bagchi）、奥伦·巴吉尔（Oren Bar-Gill）、马克·巴伦伯格（Mark Barenberg）、史穆利克·贝彻（Shmulik Becher）、伊齐克·本巴吉（Itzik Benbaji）、伊亚尔·本韦尼斯蒂（Eyal Benvenisti）、莱奥拉·比尔斯基（Leora Bilsky）、布莱恩·比克斯（Brian Bix）、奥拉·布鲁姆（Ora Bloom）、萨姆·布雷（Sam Bray）、尼利·科恩（Nili Cohen）、吉多·比帕拉托（Guido Comparato）、盖伊·戴维多夫（Guy Davidov）、内斯特·戴维森

（Nestor Davidson）、黛博拉·德莫特（Deborah DeMott）、伊琳娜·杜穆拉特（Irina Domurath）、阿维海·多夫曼（Avihay Dorfman）、阿瑞拉·杜布勒（Ariela Dubler）、利兹·埃门斯（Liz Emens）、大卫·伊诺克（David Enoch）、克里斯·埃塞特（Chris Essert）、罗伯特·弗格森（Robert Ferguson）、塔利·费舍尔（Tali Fisher）、安德鲁·戈尔德（Andrew Gold）、约翰·戈德堡（John Goldberg）、维克多·戈德堡（Victor Goldberg）、托马斯·古特曼（Thomas Gutmann,）、伯纳德·哈考特（Bernard Harcourt）、阿隆·哈雷尔（Alon Harel）、罗恩·哈里斯（Ron Harris）、马丁·赫塞林克（Martijn Hesselink）、克莱尔·亨廷顿（Clare Huntington）、费利佩·希门尼斯（Felipe Jiménez）、凯特·贾奇（Kate Judge）、艾弗里·卡茨（Avery Katz）、拉里萨·卡茨（Larissa Katz）、阿玛利亚·凯斯勒（Amalia Kessler）、罗素·科罗布金（Russell Korobkin）、雪莉·克雷泽－利维（Shelly Kreiczer－Levy）、罗伊·克莱特纳（Roy Kreitner）、谢·拉维（Shai Lavi）、李在（Jae Lee）、汤姆·李（Tom Lee）、伊桑·莱布（Ethan Leib）、罗尼特·莱文－施努尔（Ronit Levine－Schnur）、沙哈尔·利夫希茨（Shahar Lifshitz）、伯特伦·洛姆菲尔德（Bertram Lomfeld）、伊琳娜·曼塔（Irina Manta）、门尼·毛特纳（Menny Mautner）、吉莉安·梅茨格（Gillian Metzger）、汉斯·米克利茨（Hans Micklitz）、盖伊·蒙德拉克（Guy Mundlak）、拉斯·皮尔斯（Russ Pearce）、卡塔琳娜·皮斯特（Katharina Pistor）、阿里尔·波拉特（Ariel Porat）、大卫·波森（David Pozen）、阿米特·庞迪克（Amit Pundik）、弗洛里安·罗德尔（Florian Rödl）、尼

克·塞奇（Nick Sage）、克里斯·瑟金（Chris Serkin）、希拉·沙米尔（Hila Shamir）、杰德·舒格曼（Jed Shugerman）、亨利·史密斯（Henry Smith）、史蒂夫·史密斯（Steve Smith）、丽贝卡·斯通（Rebecca Stone）、史蒂夫·特尔（Steve Thel）、欧内斯特·温里布（Ernest Weinrib）、泰丝·威尔金森–瑞恩（Tess Wilkinson–Ryan）、卡特里娜·怀曼（Katrina Wyman）和本·齐普尔斯克（Ben Zipursky）。我们试图处理每个读者的评论——即使经常发生一个人的回应与另一个人的回应直接相抵触的情况。

我们还要感谢来自以下机构的研讨会的参与者，即剑桥大学法学院、欧洲合同法研究中心、哥伦比亚大学法学院、欧洲大学学院、福特汉姆法学院、哈佛大学法学院、特拉维夫大学法学院、加州大学欧文分校法学院、加州大学洛杉矶分校法学院、康涅狄格大学法学院和 2013 年以色列私法协会会议，以及剑桥大学出版社的六位匿名评审员。

扎克·班农（Zack Bannon）、约翰·布里格斯（John Briggs）、斯威夫特·埃德加（Swift Edgar）、因巴尔·加尔（Inbar Gal）、阿胡瓦·戈德斯泰德（Ahuva Goldstand）、塞缪尔·罗斯（Samuel Roth）和亚历克斯·魏斯（Alex Weiss）提供了出色的研究帮助；凯特·加伯（Kate Garber）帮助设计了封面，并精明能干地协助了本书的制作。此外，还要感谢哥伦比亚大学法学院的马克和伊娃·斯特恩学院研究基金（Marc and Eva Stern Faculty Research Fund）的慷慨支持。

最后，衷心感谢我们的编辑马特·加勒韦（Matt Gallaway）指导这个项目从提案到出版。

注　释

引　言

1　Peter Benson, *Contract*, *in* A Companion to Philosophy of Law and Legal Theory 24, 29 (Dennis Patterson ed., 2d ed. 2010).

2　*Cf.* Mark Pettit Jr., *Freedom, Freedom of Contract, and the "Rise and Fall"*, 79 B. U. L. Rev. 263 (1999). *See also* Friedrich Kessler, *Contracts of Adhesion – Some Thoughts about Freedom of Contract*, 43 Colum. L. Rev. 629, 641–42 (1943)（"对于不同类型的契约，契约自由必须意味着不同内容"）.

3　*Cf.* Robin West, Normative Jurisprudence：An Introduction 201–03 (2011)（强调"因法律缺席而产生的异常"）.

4　*Cf.* Ronald J. Gilson, Charles F. Sabel, & Robert E. Scott, *Text and Context：Contract Interpretation as Contract Design*, 100 Cornell L. Rev. 23, 82–83 (2014)（注意到通才法院在专门领域中解释合同法的危险，这里是保险法）.

5　Christopher McCrudden, Buying Social Justice：Equality, Government Procurement, & Legal Change 529 (2007)［还指出，在处理契约的大陆法系方法中，"理解任何特定契约标的的核心是，尽早选择涉及何种一般契约类型，（因此）初始分类过程是理解法院在评估契约标的时将什么视为核心的过程的重要组成部分"］.

6　*See* Tony Weir, *Contracts in Rome and England*, 66 Tulane L. Rev. 1615, 1638–39, 1647 (1992).

7　"有名"合同类型首先出现，其次是在查士丁尼（拜占庭）时期认可的"无名"合同，即不属于任何公认的"有名"合同类型的合同——这一改革可能是由"仅有契约类型"制度的困难驱动的，也可能是由对独立缔约的渴望驱动的。*See* Reinhardt Zimmerman, The Law of Obligations：Roman Foundations of the Civil Tradition 534 – 35 (1990)；*see also* J. A. C. Thomas, Textbook of Roman Law 311 (1976) ("'无名'合同构成了罗马法最接近于广义契约制度的方式")；*but see* Alan Watson, *The Evolution of Law*：*The Roman System of Contracts*, 2 Law & Hist. Rev. 1, 19 (1984).

8 类型的划分可以在《德国民法典》第 311 条的所有主要评注中找到 (其确立了一般契约自由)。*See*, *e. g.*, Volker Emmerich, Münchener Kommentar zum Bürgerlichen Gesetzbuch § 311 (7th ed. 2016)；Barbara vor Grüneberg, Palandts Kommentar zum Bürgerlichen Gesetzbuch, prologue to § 311 (75th ed. 2016)；Manfred Löwisch & Cornelia Feldmann, Staudingers Kommentar zum Bürgerlichen Gesetzbuch § 311 (2012). 《德国民法典》对数十种 "典型" 契约类型进行了命名、描述和规范 (例如,买卖合同,《德国民法典》第 433 条;借贷合同,《德国民法典》第 488 条;服务合同,《德国民法典》第 611 条;合伙合同,《德国民法典》第 705 条;婚姻合同,《德国民法典》第 1405 条) 或者在其他法规中 (例如委托合同,《德国商法典》第 383 条;或保险合同,《德国保险合同法》)。当契约混合要素时,德国法有两种主要方式 ["吸收"(absorption) 法和 "组合"(combination) 法] 通过底层的 "典型" 类型的独特法律来分流分析 "混合"(hybrid) 合同或 "混合"(mixed) 合同。参见下文第 12 章注释 4 (注意到每种方法何时适用)。"非典型" 类型,例如担保 (RGZ 146, 123; 165, 47; BGH 14. 10. 1982, III ZR 14/82, WM 1982, 1324) 或互换协议 (OLG Stuttgart 14. 12. 2011, 9 U 11/11) 有其自己的分析方法。最后,德国法律有处理 "混合" 或 "非典型" 类型的机制,这些类型通过长期使用已牢固确立 (例如,特许经营合同, OLG Düsseldorf, NJW – RR 1987, 631)。法院可能会将它们视为独特的 "依惯例的" 类型, Grüneberg, *supra*, prologue to § 311 para 12 (引用案例), 或作为 "新" 类型。Michael Martinek, Moderne Vertragstypen (1991 – 1993);或者,他们可能被编入《德国民法典》(例如,支付服务合同,《德国民法典》第 675 条及以下)。感谢伯特伦·洛姆菲尔德澄清了德国的类型方法。

9 *See* Samuel Williston, The Law of Contracts (1st ed. 1920)；Restatement (First) of Contracts (1932).

10　*Cf.* Brian H. Bix, Contract Law: Rules, Theory, and Context 159-60 (2012)（强调了契约类型差异的意义）.

11　*See respectively*, *e. g.*, Karl N. Llewellyn, *The First Struggle to Unhorse Sales*, 52 Harv. L. Rev. 872, 880, 904 (1939); Robert E. Scott, *The Promise and the Peril of Relational Contract Theory*, in Revisiting the Contract Scholarship of Stewart Macaulay: On the Empirical and the Lyrical 105, 108 (Jean Braucher et al., eds., 2013).

12　我们研究了: Randy Barnett, Contracts: Cases and Doctrines (5th ed. 2012), John Dawson, et al., Contracts: Cases and Comment (10th ed. 2013), E. Allen Farnsworth, et al., Contracts: Cases and Materials (8th ed. 2013), Tracey E. George & Russell Korobkin, K: A Common Law Approach to Contracts (12th ed. 2012), Charles L. Knapp, et al., Problems in Contract Law: Cases and Materials (7th ed. 2012), and Robert E. Scott & Jody S. Kraus, Contract Law and Theory (5th ed. 2013). *See also* Lawrence J. Friedman, Contract Law in America 25 (1965); *but see* Macaulay et al., Contracts: Law in Action (3d ed. 2011)（一本罕见的仍围绕契约类型进行编排的合同案例集）.

13　在总共摘录的 1255 个案例中，728 个是商业案例，197 个是雇佣案例，155 个是住房案例，75 个是家庭案例。Farnsworth, et al. ——占市场一半以上的占主导地位的案例集——有 120 个商业案例、27 个雇佣案例、23 个住房案例和 13 个家庭案例。我们将商品和服务的混合销售（例如，在建筑合同中）算作雇佣案例，但它们可能更适合作为商业案例。此外，许多家庭案例产生于承诺禁反言的背景下，也许根本不应该被算作契约。因此，商业案例与其他案例的比率（反而）比我们报告的要高。

14　劳伦斯·弗里德曼（Lawrence Friedman）早在 1965 年就写道，合同法教学就像"一门动物学课程，其研究仅局限于渡渡鸟和独角兽"。Friedman, *supra* note 12, at 20.

15　例如，在不正当影响案例的注释中，Farnsworth, et al., *supra* note 12, at 385, 评价道，"尽管法院认定奥多里齐和他的雇主之间不存在保密关系，但这一认定往往是以越权为基础撤销契约的核心。"因此，缔约共同体的紧密性有时很重要，但这本书没有确定何时重要。Scott & Kraus, *supra* note 12, at 860-61，指出了第十三修正案的关切，即使特定履行无法在服务合同中适用。但是，他们没有探讨对自治的关切应该在多大程度上限制缔约当事人约束其自己提供服务的能力。Knapp et al. , *supra* note 12, at 599-635，说明了显失公平原则如何适用于消费者合同，但无助于厘清什么使得这种契约类型与众不同。

16　*See* Samuel Williston, *Freedom of Contract*, 6 Cornell L. Q. 365, 368-69, 373 (1921)（发展出这种观点的早期雏形）.

17　Stephen A. Smith, Contract Theory 59, 139 (2004).

18　Richard Craswell, *Freedom of Contract*, *in* Chicago Lectures in Law and Economics 81 (Eric A. Posner ed. , 2000); but *cf.* Randy E. Barnett, *The Sound of Silence*: *Default Rules and Contractual Consent*, 78 Va. L. Rev. 821 (1992).

19　*See generally* Hans-W. Micklitz, On the Intellectual History of Freedom of Contract and Regulation (2015)（对英国、法国、德国和欧盟及其各自思想史中"契约自由"的含义进行了细致入微的比较）.

20　*See, e. g.*, Martha Field, *Compensated Surrogacy*, 89 Wash. L. Rev. 1155, 1173 (2014)（指出"对代孕的一个可能的反对意见是，它将契约插入了传统上属于亲密的领域"）.

21　*See* Charles Fried, *The Ambitions of Contract as Promise Thirty Years On*, *in* Philosophical Foundations of Contract 17, 23 (Gregory Klass et al. , eds. , 2014).

22　关于发明、发现和解释的区分，参见 Michael Walzer, Interpretation and Social Criticism 1-32 (1987).

23　*See* John Rawls, A Theory of Justice 19-20, 48-49 (rev. ed. 1999).

24　*See, e. g.*, Robin Bradley Kar, Contract as Empowerment II: Harmonizing the Case Law, *available at* http://papers. ssrn. com/sol3/papers. cfm? abstract_id=2476759.

25　*See, e. g.*, Konrad Zweigert & Hein Kötz, An Introduction to Comparative Law 159 (Tony Weir trans. , 2d ed. 1987); Gerhard Dannemann & Stefan Vogenauer, The Common European Sales Law in Context: Interactions with English and German Law 263 (2013).

26　*See* Ronald Dworkin, Taking Rights Seriously 118-23 (1977).

27 *See* Hanoch Dagan, *Doctrinal Categories*, *Legal Realism*, *and the Rule of Law*, 164 U. Pa. L. Rev. 1889, 1910, 1915–16 (2015).

28 参见下文第 8 章, 文本附注 23~27。

第 1 章

1 Charles Fried, Contract as Promise: A Theory of Contractual Obligation (1981). *See generally Symposium*, *Contract as Promise at 30*: *The Future of Contract Theory*, 45 Suffolk L. Rev. 601 (2012).

2 *See generally* L. L. Fuller & William R. Perdue, Jr. , *The Reliance Interest in Contract Damages*, 46 Yale L. J. 52 (1936); Grant Gilmore, The Death of Contract (1974); P. S. Atiyah, The Rise and Fall of Freedom of Contract (1979).

3 *See* Fried, *supra* note 1, at 17 (证成在 "康德式的信任和尊重的基本原则" 中的信守承诺义务).

4 *Id.* at 8.

5 *See* Thomas Gutmann, *Some Preliminary Remarks on a Liberal Theory of Contract*, 76 Law & Contemp. Probs. 39, 52 (2013) (认为 "契约概念在本质上是建立在两个或更多的人通过自愿签订具有法律约束力的协议来实现个人自决的想法之上的").

6 *See* Fried, *supra* note 1, at 1.

7 *Id.* at 9.

8 *Id.* at 13–14.

9 Charles Fried, *The Ambitions of Contract as Promise Thirty Years On*, *in* Philosophical Foundations of Contract, 17, 20 (Gregory Klass et al. , eds. , 2014).

10 Fried, *supra* note 1, at 14.

11 *Id.* at 16.

12 *Id.*

13 *Id.* at 17.

14 *Id.*

15 *Id.*

16 Peter Benson, *Contract*, *in* A Companion to Philosophy of Law and Legal Theory 24, 41, 43–44 (Dennis Patterson ed. , 2d ed. 2010).

17 Peter Benson, *Abstract Right and the Possibility of a Nondistributive Conception of Contract: Hegel and Contemporary Contract Theory*, 10 Cardozo L. Rev. 1077, 1100 (1989).

18 Peter Benson, *Contract as Transfer of Ownership*, 48 Wm. & Mary L. Rev. 1673, 1682 (2007).

19 Benson, *supra* note 17, at 1111.

20 *Id.*

21 *Id.* at 1112.

22 Benson, *supra* note 18, at 1683.

23 Jody S. Kraus, *Philosophy of Contract Law*, *in* The Oxford Handbook of Jurisprudence and Philosophy of Law 687, 728–29 (Jules Coleman & Scott Shapiro eds. , 2002).

24 Richard Craswell, *Contract Law*, *Default Rules*, *and the Philosophy of Promising*, 88 Mich. L. Rev. 489, 490 (1989).

25 *Id.*

26 *Id.* at 518.

27 *Id.* at 515–16.

28 *Id.* at 489.

29 Jody S. Kraus, *The Correspondence of Contract and Promise*, 109 Colum. L. Rev. 1603, 1630 (2009).

30 *Id.* at 1633.

第 2 章

1 Seana Valentine Shiffrin, *Are Contracts Promises?*, *in* The Routledge Companion to Philosophy of Law 241, 242–43 (Andrei Marmor ed. , 2012).

2 Seana Valentine Shiffrin, *Promising*, *Intimate Relationships*, *and Conventionalism*, 117 Phil. Rev. 481, 520 (2008).

3 *Id.* at 502.

4   *Id*. at 522.

5   *Id*. at 507.

6   *Id*. at 516.

7   *Id*. at 507–08.

8   *Id*. at 510.

9   *Id*.

10   *Id*. at 517.

11   *Id*.

12   David Owens, *A Simple Theory of Promising*, 115 Phil. Rev. 51, 73 (2006).

13   与此同时，欧文斯本人将他的论述与转让理论相分离。*See* David Owens, *Does a Promise Transfer a Right?*, *in* Philosophical Foundations of Contract 78, 91–95 (Gregory Klass et al. , eds. , 2014).

14   Daniel Markovits, Promise Made Pure 26（未发表的手稿）. 在他看来，这种权力的授予是至关重要的，因为承诺的力量建立在"人类社交性之上的——这种社交性在承诺者的承诺性团结方面的利益，是通过确立被承诺人对承诺人的权力来保障的"。*Id*. at 17. 换言之，马科维茨认为，社交性不仅需要"支持（他人）目的"的能力，还需要"始终对对方的权力持开放态度"。*Id*. at 13, 15. 这就是为什么像希弗林一样，马科维茨坚持认为违反"纯粹的承诺性义务"是错误的：违约的过错完全在于它涉及否认被承诺人的权力；因此，它完全独立于被承诺人对承诺人行为的依赖或主观期望。*Id*. at 31. 马科维茨的契约理论与他的承诺理论有着共同的社群主义基础，但并不那么严重地依赖于转让概念，因此不受我们对转让理论的批判的许多影响（尽管不是来自它们的全部）。我们在第6章中讨论和批评了马科维茨的社群主义契约理论。

15   *See* Owens, *supra* note 12, at 71；Markovits, *supra* note 14, at 26.

16   Shiffrin, *supra* note 2, at 523.

17   *Id*.

18   Shiffrin, *supra* note 1, at 244.

19   *Id*. at 241.

20   *See* Seana Valentine Shiffrin, *The Divergence of Contract and Promise*, 120 Harv. L.

Rev. 708, 709（2007）.

21　*Id.* at 742. *See also* Shiffrin, *supra* note 1, at 254.

22　*See* Shiffrin, *supra* note 20, at 722-27.

23　*Id.* at 722.

24　*Id.* at 710.

25　*Id.* at 722.

26　*Id.*

27　*Id.*

28　*Id.* at 710.

29　*Id.*

30　*Id.* at 729. 有关这方面的更多信息，我们在此不讨论，参见 Seana Valentine Shiffrin, *Must I Mean What You Think I Should Have Said*, 98 Va. L. Rev. 159, 167-68, 175（2012）; Daniel Markovits & Alan Schwartz, *The Expectation Interest Revisited*, 98 Va. L. Rev. 1093, 1097-99（2012）.

31　Shiffrin, *supra* note 20, at 729.

32　*Id.*

33　*See* Liam Murphy, *Contract and Promise*, 120 Harv. L. Rev. F. 10, 15-16（2006）.

34　*See* T. M. Scanlon, What We Owe to Each Other 302-03, 31-12（1998）. *See also* Gregory Klass, *Promise Etc.*, 45 Suffolk U. L. Rev. 965（2012）. 针对分离承诺和契约的另外两个策略，Michael G. Pratt, *Contract*: *Not Promise*, 35 Fla. St. U. L. Rev. 801（2008）; Aditi Bagchi, *Separating Contract and Promise*, 38 Fla. St. U. L. Rev. 707（2011）. 至于希弗林的回应，参见 Shiffrin, *supra* note 1, at 245-50, 252-54.

35　*See, e. g.*, Stephen Darwall, *Demystifying Promises*, *in* Promises and Agreements: Philosophical Essays 255, 273（Hanoch Sheinman ed. , 2011）.

36　参见以上文本附注 6~7。

37　Seana Valentine Shiffrin, *Immoral, Conflicting, and Redundant Promises*, *in* Reason and Recognition: Essays on the Philosophy of T. M. Scanlon 155, 164 & 177 n. 34（R. Jay Wallance et al. , eds. , 2011）.

38 *Id.* at 170-71.

39 参见以上文本附注 5~11，以及附随文本。

40 Shiffrin, *supra* note 1, at 242-43.

41 *But see* J. E. Penner, *Promises, Agreements, and Contracts*, *in* Philosophical Founda-tions of Contract, *supra* note 13, at 116; Owens, *supra* note 13. 欧文斯和彭纳（Penner）都以与我们截然不同的理由批评了希弗林的承诺转让概念。

42 *See generally* Shiffrin, *supra* note 37.

43 *See, e. g.,* Liam Murphy, *The Practice of Promise and Contract*, *in* Philosophical Foundations of Contract, *supra* note 13, at 151, 153（他提到这些论述——他称之为"道德主义"和"矫正正义"——作为契约理论中三个主要"阵营"中的两个，第三个是他所谓的"工具主义"）。

第3章

1 Peter Benson, *Contract as Transfer of Ownership*, 48 Wm. & Mary L. Rev. 1673, 1683（2007）.

2 *Id.* at 1674.

3 *Id.* at 1707.

4 这个术语是斯蒂芬·史密斯创造的，参见 Stephen A. Smith, Contract Theory 97-99（2004），但转让理论依赖于丰富的自然法谱系。*See, e. g.,* Helge Dedek, *A Particle of Freedom: Natural Law Thought and the Kantian Theory of Transfer by Contract*, 25 Can. J. L. & Jurisp. 313（2012）.

5 *See, e. g.,* Benson, *supra* note 1, at 1719-31.

6 Arthur Ripstein, Force and Freedom: Kant's Legal and Political Philosophy 107（2009）.

7 *Id.* at 14, 34, 45.

8 *Id.* at 107.

9 *Id.* at 112, 114-15.

10 *Id.* at 109; *see also id.* at 122-23.

11 *Id.* at 113.

12　*Id*. at 116.

13　*See* David Owens, *Does a Promise Transfer a Right*?, *in* Philosophical Foundations of Contract 78, 91–95（Gregory Klass et al., eds., 2014）; J. E. Penner, *Promises, Agreements, and Contracts*, *in* Philosophical Foundations of Contract, *id*. at 116.

14　里普斯坦认为：“我们能够为你创造一项权利，并为我创造相关义务，即下周三我将修剪你的草坪。” Ripstein, *supra* note 6, at 116. 像这样一个简单的契约，并不只是一个对另一个人承诺的履行的简单有利处置；相反，同意就是“通过将你的选择与那个人的选择结合起来来选择它，从而使那个人的行为与你的目的性相一致”。*Id*. at 125. 只有当“当事人之间既有选择又有交易”时，*id*.，它们才会创造“关于未来履行的权利的义务，（其）是与债权人的自由相一致的强制履行的权利。” *Id*. at 112.

15　*Id*. at 127. 关于一个与康德立场相似的解释，参见 Ernest J. Weinrib, *Punishment and Disgorgement in Contract Remedies*, *in* Corrective Justice 148, 153 – 54（2012）.

16　一些转让理论家通过巧妙的实践来确立，在缔约之前，被转让的权利属于被承诺人。*See, e.g.*, Benson, *supra* note 1, at 1693 – 1719; Andrew S. Gold, *A Property Theory of Contract*, 103 Nw. U. L. Rev. 1, 31–42, 50-53（2009）.

17　Benson, *supra* note 1, at 1707.

18　里普斯坦最接近于明确表达这一点的是，他认为，因为“唯一可以算作同意的事情是当事人共同做的事情……这需要某种公共法令，通过这种法令，他们的选择可以统一起来”。Ripstein, *supra* note 6, at 124, 126. 他还提到，缔约方可能有的任何一个想法都是无关紧要的。*Id*. at 124.

19　Randy E. Barnett, *A Consent Theory of Contract*, 86 Colum. L. Rev. 269（1986）.

20　*Id*. at 272.

21　*Id*. at 320.

22　*Id*. at 303.

23　*Id*. at 306.

24　*Id*. at 302.

25　*Id*. at 295.

26　*Id.* at 270.

27　*Id.* at 297–98.

28　*Id.* at 291.

29　*See* Ripstein, *supra* note 6, at 292.

30　*See* Restatement（Second）of Contracts § 2 cmt. b（采用"解释行为的外部或客观标准"）；E. Allan Farnsworth, Contracts § 3. 6, at 115（4th ed. 2004）["法院当下普遍接受（客观理论）"]. *But see* 1 Joseph M. Perillo, Corbin on Contracts § 4. 12, at 633–34（rev. ed. 1993）（认为合同法通过参考客观因素和主观因素两个方面，维护了当事人的合理期望）.

31　William Blackstone, 2 Commentaries on the Laws of England＊2（University of Chicago ed. , 1979）（1765–69）.

32　*See* Carol M. Rose, *Canons of Property Talk*, *or*, *Blackstone's Anxieties*, 108 Yale L. J. 601（1998）；David B. Schorr, *How Blackstone Became a Blackstonian*, 10 Theo. Inq. L. 103（2009）.

33　*See generally* Hanoch Dagan, Property：Values and Institutions pt. I（2011）.

34　Felix S. Cohen, *Dialogue on Private Property*, 9 Rutgers L. Rev. 357, 362, 370–74, 379（1954）.

35　*Id.*

36　*See generally* Dagan, *supra* note 33, at pt. I.

37　最好的新康德式财产理论提出了一种制度，在这种制度中，国家既是人们前社会的稳健的相互对抗的财产权的保障者，又是负责征税以履行扶助穷人的公共义务的权力机构。强有力的财产权以及可行的福利国家，在这种观点下，集群作为一个概念是必要的。*See* Ripstein, *supra* note 6, at chs. 4 & 9；Weinrib, *supra* note 15, at ch. 8. 但这种在自由主义私法与依赖性威胁得到了普遍缓解的强大福利国家之间的如此严格的分工，是相当难以置信的。正如我们中的一位在其他地方表明的那样，税收和再分配的公法不太可能通过规则有效补充自由主义私法，除非是在分配方面，或至少在人际关系依赖方面。*See* Dagan, *supra* note 33, at 63–66.

38　*Cf.* Katrina M. Wyman, The New Essentialism in Property（未发表的手稿）.

39　*See* Gregory Klass，*Three Pictures of Contract*：*Duty*，*Power*，*and Compound Rule*，83
　　N. Y. U. L. Rev. 1726，1726-27（2008）.

40　*See* Jody S. Kraus，*The Correspondence of Contract and Promise*，109 Colum. L. Rev.
　　1603，1608-09，1614-15（2009）. *See also* Daniel Markovits，*Making and Keeping*
　　Promises，92 Va. L. Rev. 1325，1352-66（2006）［对 T. M. 斯坎伦（T. M. Scanlon）
　　的基于损害的承诺和契约理论发起了类似的批评，该理论忽视了订立契约的原
　　因］. *But cf.* Curtis Bridgeman & John C. P. Goldberg，*Do Promises Distinguish Con-*
　　tract from Tort?，45 Suffolk U. L. Rev. 885，888（2012）（认为契约具有赋予权力的
　　作用，并且仍然是"围绕着信守承诺这一道德义务来构建"）.

41　*See* Klass，*supra* note 39，at 1765；Kraus，*supra* note 40，at 1619.

42　See Markovits，*supra* note 40.

43　Klass，*supra* note 39，at 1739 ［citing Joseph Raz，Practical Reason and Norms 102
　　（1975）］.

44　Kraus，*supra* note 40，at 1608-09. *See also* Jody S. Kraus，*Personal Sovereignty and*
　　Normative Power Skepticism，109 Colum. L. Rev. Sidebar 126，130-34（2009）.

45　Klass，*supra* note 39，at 1730.

46　*Id*. at 1754.

47　Kraus，*supra* note 40，at 1620-21.

48　*Id*. at 1623-24.

49　*Id*. at 1624.

50　*Id*. at 1609.

51　*Id*. at 1624. 正如克劳斯（Kraus）进一步论证的那样，"个人主权必须为那些
　　无意中作出客观承诺的个人开拓出一个例外。" *Id*. at 1625.

52　相比之下，在单方情况下——想想没有信赖损害的错误支付的情况——私法
　　（这里是赔偿）在传统上确实维护了转让人的主观意图。*See* Hanoch Dagan，
　　The Law and Ethics of Restitution 40-45（2004）.

53　*See* Ripstein，*supra* note 6，at 107；*see also* Peter Benson，*Contract*，*in* A Companion
　　to Philosophy of Law and Legal Theory 24，37（Dennis Patterson ed.，2d
　　ed. 2010）.（"自治理论将合同法视为一种认可并尊重私人在一定范围内影响

其彼此之间法律关系变化的权力的法律制度。")

54 *See* Stewart Macaulay, *Non-Contractual Relations and Business: A Preliminary Study*, 28 Am. Soc. Rev. 55 (1963); *see also* Hugh Collins, Regulating Contracts 104, 108 (1999); Anthony T. Kronman, *Contract Law and the State of Nature*, 1 J. L. Econ. & Org. 5 (1985).

55 Dori Kimel, From Promise to Contract: Towards a Liberal Theory of Contract 55, 58, 60, 65 (2003). *See also*, *e. g.*, Michael G. Pratt, *Promises*, *Contracts and Voluntary Obligations*, 56 L. & Phil. 531, 572 (2007).

56 *Cf.* Hanoch Dagan & Michael A. Heller, *The Liberal Commons*, 110 Yale L. J. 549, 578-79 (2001).

57 *Cf.* James Gordley, The Philosophical Origins of Modern Contract Doctrine 234 (1991).

58 *See generally* Robert Nozick, Anarchy, State, and Utopia (1974).

59 *See* Hanoch Dagan, *The Utopian Promise of Private Law*, 61 U. Toronto L. J. 392 (2016).

60 *See* Robert Nozick, The Examined Life: Philosophical Meditations 286 (1989) ("政治的曲折").

61 参见上文第 2 章, 文本附注 2。

第 4 章

1 *See* Joseph Raz, *Promises and Obligations*, *in* Law, Morality, and Society: Essays in Honour of H. L. A. Hart 210, 228 (P. M. S. Hacker & J. Raz eds. , 1977).

2 参见下文第 8 章, 文本附注 29、31~33。

3 John Rawls, Justice as Fairness: A Restatement 19 (2001).

4 H. L. A. Hart, *Between Utility and Rights*, 79 Colum. L. Rev. 828, 836 (1979).

5 本部分借鉴了 Hanoch Dagan, *Liberalism and the Private Law of Property*, 1 Crit. Analysis L. 268 (2014). 关于自治与效率之间关系的相似概念化, 尽管推理方式不同, 参见 Jody S. Kraus, *Legal Theory and Contract Law: Groundwork for the Reconciliation of Autonomy and Efficiency*, *in* Legal and Political Philosophy 385,

422-44（Enrique Villanueva ed. , 2002）.

6　*See* Joseph Raz, The Morality of Freedom 177（1986）.

7　*Cf.* Will Kymlicka, Contemporary Political Philosophy 123-24（1990）.

8　Isaiah Berlin, *Two Concepts of Liberty*, *in* Four Essays on Liberty 118, 126, 132-33
　　（1969）.

9　Raz, *supra* note 6, at 177-78. 正如文本所暗示的，我们根据克里斯蒂娜·科斯
　　加德（Christine Korsgaard）所谓的外在非工具价值来解释拉兹的内在价值类
　　别，即一种从某些其他来源获得其价值的价值，但仍因其本身而被重视。*See*
　　Christine M. Korsgaard, *Two Distinctions of Goodness*, 92 Phil. Rev. 169, 170
　　（1983）.

10　Hart, *supra* note 4, at 834.

11　*Id.* at 835.

12　*Id.* at 834-35.

13　Peter Benson, *Contract*, *in* A Companion to Philosophy of Law and Legal Theory 24,
　　41（Dennis Patterson ed. , 2d ed. 2010）.

14　Peter Benson, *Misfeasance as an Organizing Normative Idea in Private Law*, 60
　　U. Toronto L. J. 731, 731（2010）.

15　Arthur Ripstein, Private Wrongs ch. 3（2016）.

16　*See* Hanoch Dagan & Avihay Dorfman, *Just Relationships*, 116 Colum. L. Rev. 1395
　　（2016）.

17　*See*, *e. g.* , Robert L. Hale, *Prima Facie Torts*, *Combination*, *and Non-Feasance*,
　　46 Colum. L. Rev. 196, 214（1946）.

18　*See respectively*, *e. g.* , Douglas J. Den Uyl, *The Right to Welfare and the Virtue of
　　Charity*, *in* Altruism 192, 192-93, 197, 205, 222-23（Ellen Frankel Paul et al. ,
　　eds. , 1993）*and* Saul Levmore, *Waiting for Rescue*: *An Essay on the Evolution and
　　Incentive Structure of the Law of Affirmative Obligations*, 72 Va. L. Rev. 879（1986）.

19　*See* Dagan & Dorfman, *supra* note 16, at 1451-59.

20　Alan Brudner with Jennifer M. Nadler, The Unity of the Common Law 247, 253（2d
　　rev. ed. 2013）.

21　*See* Hanoch Dagan, The Law and Ethics of Restitution 43（2004）.

22　参见上文第 3 章，文本附注 49~51。

23　*Cf.* Daniel Markovits, *Making and Keeping Promises*, 92 Va. L. Rev. 1325, 1328, 1348（2006）（马科维茨声称，这意味着所有契约的本质都是关系性的，我们将在下文第 6 章批判这一主张）.

24　*See* Hanoch Dagan, Reconstructing American Legal Realism & Rethinking Private Law Theory ch. 5（2013）（发展了这个论点）.

第 5 章

1　关于分配正义对合同法的可能影响的相反观点，比较 Richard Craswell, *Passing on the Costs of Legal Rules: Efficiency and Distribution in Buyer-Seller Relationships*, 43 Stan. L. Rev. 361（1991）和 Aditi Bagchi, *Distributive Justice and Contracts*, *in* Philosophical Foundations of Contract 193（Gregory Klass et al., eds., 2014）.

2　分别参见下文第 8 章，文本附注 37~45；以及第 12 章，文本附注 7。

3　*See* Hanoch Dagan, Reconstructing American Legal Realism & Rethinking Private Law Theory ch. 5（2013）.

4　关于一个初步论述，参见 Hanoch Dagan & Avihay Dorfman, *Just Relationships*, 116 Colum. L. Rev. 1395, 1428-29（2016）.

5　*See* Robert Cooter & Thomas Ulen, Law & Economics 307（6th ed. 2011）. *See also, e.g.*, Richard Posner, Economic Analysis of Law 123（8th ed. 2011）. 这一学术成果的批评者也这样描述它。*See also, e.g.*, Stephen A. Smith, Contract Theory 108（2004）; Peter Benson, *Contract*, *in* A Companion to Philosophy of Law and Legal Theory 24, 54-60（Dennis Patterson ed., 2d ed. 2010）.

6　*See, e.g.*, Ernest J. Weinrib, Corrective Justice 297-333（2012）.

7　*See* Avery W. Katz, *Economic Foundations of Contract Law*, *in* Philosophical Foundations of Contract, *supra* note 1, at 171, 186-87（认为"基于同意的契约理论""与经济方法有相当大的适应性，经济方法也基于规范和方法论的个人主义"）; *see generally* Michael J. Trebilcock, The Limits of Freedom of Contract 241-70（1994）（关于自治和福利的章节）.

8　Alan Schwartz & Robert E. Scott, *Contract Theory and the Limits of Contract Law*, 113 Yale L. J. 541（2003）. 在施瓦茨和斯科特看来，公司是指"①以公司形式组织且拥有五名及以上的雇员的实体，②有限合伙企业，或③专业合伙企业，如律师事务所或会计师事务所"。*Id*. at 545.

9　*See* Hugh Collins, Regulating Contracts 9-10（1999）.（认为"法律制度正处于从传统私法规则的主导地位过渡到福利主义规则越来越提供合同法律规则的基本话语的过程中"，因此"新规则是一种私法和公共规则的混合类型"。）

10　Schwartz & Scott, *supra note* 8, at 549.

11　*Id*. at 545.

12　*Id*. at 545-46.

13　*See id*. at 544.

14　*Id*. at 619.

15　*See id*. at 568-94；*see also* Alan Schwartz & Robert E. Scott, *Contract Interpretation Redux*, 119 Yale L. J. 926（2010）.

16　*See* Schwartz & Scott, *supra note* 8, at 594-609. 然而，他们指出，在两个商务合同背景中，法律促进至关重要。*Id*. at 544；同参见下文第 7 章，文本附注 25（讨论这些背景）。

17　我们承认，对于他们对效率在商业背景中的作用的架构，或许还有其他可能的解读。因此，在他们对批评者的回应中，他们还强调了采用效率至上的其他原因。*See* Schwartz & Scott, *supra note* 15, at 934-35.

18　Schwartz & Scott, *supra note* 8, at 556.

19　*See id*. at 544.

20　Schwartz & Scott, *supra note* 15, at 939.

21　例如，在他们文章的简短结论中，两次提到了"当事人主权"。*See* Schwartz & Scott, *supra* note 8, at 618-19.

22　*See*, *e. g.*, Victor Goldberg, Framing Contract Law：An Economic Perspective 2（2006）. 有趣的是，这也可能是（或一种）方式去阅读 Steven M. Shavell, Foundations of Economic Analysis of Law 296-99（2004）.

23　*See* Schwartz & Scott, *supra note* 8, at 556.

24 Liam Murphy, *The Practice of Promise and Contract*, *in* Philosophical Foundations of Contract, *supra* note 1, at 168.

25 *See*, *e.g.*, T. M. Scanlon, What We Owe to Each Other 118-23 (1998).

26 Schwartz & Scott, *supra* note 8, at 550.

27 *Id.*

28 *See generally* Alon Harel & Ariel Porat, *Commensurability and Agency: Two Yet-to-BeMet Challenges for Law and Economics*, 96 Cornell L. Rev. 749, 751-67 (2011).

29 参见上文文本附注 5。

30 参见下文第 6 章, 文本附注 20~22。

31 Schwartz & Scott, *supra* note 8, at 544.

32 *Id.*

33 *See* Eyal Zamir, *Contract Law and Theory: Three Views of the Cathedral*, 81 U. Chi. L. Rev. 2077, 2119-21 (2014).

第 6 章

1 *See* Samuel Scheffler, *Relationships and Responsibilities*, 26 Phil. & Pub. Aff. 189, 200 (1997).

2 *See* Joseph Raz, *Promises and Obligations*, in Law, Morality, and Society: Essays in Honour of H. L. A. Hart 210, 228 (P. M. S. Hacker & J. Raz eds., 1977).

3 Joseph Raz, *Promises in Morality and Law*, 95 Harv. L. Rev. 916, 928, 936 (1982) [回顾 P. S. Atiyah, The Rise and Fall of Freedom of Contract (1979)]; *see also* Joseph Raz, *Voluntary Obligations and Normative Powers* (pt. 2), 46 Proc. Aristotelian Soc'y 79, 101 (Supp. 1972). *Cf.* Hugh Collins, Regulating Contracts 28 (1999). ("当两个人签订合同时……他们创造了一个离散的通信系统，该系统用于明确当事人承诺遵守的某些特定许诺。与此同时，它通过默示排除互惠许诺中未包含的任何其他期望来聚焦关系。契约的参考框架将这种关系从个人关系的背景中剥离出来，并坚持对事件的相关性和重要性的进行狭义的标准评定。")

4 *See* Daniel Markovits, *Contract and Collaboration*, 113 Yale L. J. 1417, 1419-21 (2004). *See also* David Campbell, *Ian Macneil and the Relational Theory of Con-*

tract, *in* The Relational Theory of Contract: Selected Works of Ian Macneil 3, 5, 9–10, 14 (David Campbell ed. , 2001).

5　*See* Stephen A. Smith, Contract Theory 77 (2004).

6　*See generally* Robert E. Scott, *The Promise and the Peril of Relational Contract Theory*, *in* Revisiting the Contract Scholarship of Stewart Macaulay: On the Empirical and the Lyrical 105, 108 (Jean Braucher et al. , eds. , 2013).

7　*See*, *e. g.*, Robert E. Scott, *The Case for Formalism in Relational Contract*, 94 Nw. U. L. Rev. 847, 852 (2000) (我们现在都是关系主义者).

8　*See*, *e. g.*, Ian Macneil, *Relational Contracts: What We Do and Do Not Know*, *in* Relational Theory, *supra* note 4, at 257, 261.

9　*See*, *e. g.*, Julia Tomassetti, *The Contracting/Producing Ambiguity and the Collapse of the Means/Ends Distinction in Employment*, 66 S. C. L. Rev. 315, 349–53 (2014) (强调了商务合同与雇佣合同之间的差异, 包括谈判能力的差异和不确定性).

10　Campbell, *supra* note 4, at 16, 22. *See also*, *e. g.*, Ian Macneil, *Exchange Revisited: Individual Utility and Social Solidarity*, 96 Ethics 567, 578–79 (1986).

11　Campbell, *supra* note 4, at 22.

12　关于商业合作背景下契约治理的一个特别成熟的例子, 参见 Ronald J. Gilson, Charles F. Sabel & Robert E. Scott, *Braiding: The Interaction of Formal and Informal Contracting in Theory*, *Practice*, *and Doctrine*, 110 Colum. L. Rev. 1137 (2010).

13　Ian Macneil, *The New Social Contract: An Inquiry into Modern Contractual Relations*, *in* Relational Theory, *supra* note 4, at 144.

14　*Id*.

15　*See id*. at 143, 151.

16　*Id*. at 136, 146; *see also* Ian Macneil, *Restatement (Second) of Contracts and Presentation*, 60 Va. L. Rev. 589, 595 (1974) (主张 "友好关系、声誉、相互依赖、道德和利他主义欲望的相互纠缠是关系不可或缺的一部分").

17　Macneil, *supra* note 13, at 148.

18　*See*, *e. g.*, Margaret Gilbert, Living Together: Rationality, Sociality, and Obligation 2, 8 (1996).

19 *See* Brian H. Bix, *Contract Rights and Remedies*, *and the Divergence between Law and Morality*, 21 Ratio Juris 194, 203 (2008); Brian H. Bix, *Private Ordering and Family Law*, 23 J. Am. Acad. Matrimonial Law 249, 264-65 (2010).

20 *See* Elizabeth S. Scott & Robert E. Scott, *Marriage as Relational Contract*, 84 Va. L. Rev. 1225, 1271-73 (1998).

21 *Id.*, at 1273-74.

22 *See* Hanoch Dagan, Property: Values and Institutions 200-01, 212-13 (2011).

23 Markovits, *supra* note 4.

24 *Id.* at 1420 (契约参与了这种尊重共同体的理想，尽管契约通常出现在自利的当事人之间，他们旨在尽可能多地私占契约创造的价值).

25 *Id. See also* Daniel Markovits, Promise Made Pure 26 (未发表的手稿).

26 Markovits, *supra* note 4, at 1450-51.

27 *Id* . at 1462.

28 *See* Daniel Markovits, *Promise as an Arm's-length Relation*, *in* Promises and Agreements, 255, 295 (Hanoch Sheinman ed. , 2011).

29 Markovits, *supra* note 4, at 1450. *See also id.* at 1462 (关于婚姻合同).

30 *Id.* at 1465.

31 *Id.* at 1464-66.

32 *Id.* at 1451.

33 *Id.* at 1451. "正如康德所说，通过以这种方式分享目的，契约双方将彼此视为目的，也就是说，他们不再是陌生人，而是共同成为一个道德共同体。" *Id.* at 1463.

34 *Id.*

35 *Id.* at 1471-72.

36 *Id.* at 1421.

37 *Id.* at 1450; *see also id* . at 1465 ("涉及个人的契约恰当地占据了我们直觉契约概念的中心").

38 *Id.* at 1467.

39 *Id.* at 1472.

40　*See* Ethan J. Lieb, *On Collaboration*, *Organizations*, *and Conciliation in the General Theory of Contract*, 24 Q. L. R. 1（2005）.

41　*See* Restatement（Third）of Agency（2006）§§ 2.01 - 2.02（代理人的权力范围），and §§ 2.04, 7.08（雇主责任范围）.

42　Markovits, *supra* note 4, at 1472.

43　*Id*. at 1434-35, 1440-41.

44　参加下文第 7 章，文本附注 22~24；以及第 8 章，文本附注 4~6。

第7章

1　*See respectively* Alan Brudner, Constitutional Goods 25（2004）*and* Martha C. Nussbaum, *Perfectionist Liberalism and Political Liberalism*, 39 Phil. & Pub. Aff. 3（2011）.

2　*See* Jonathan Quong, Liberalism without Perfection 85-96（2011）.

3　*See* Joseph Raz, The Morality of Freedom 372（1986）.

4　*Id*. at 398.

5　*Id*. at 381, 399.

6　*Id*. at 395.

7　*See* Joseph Raz, *Promises in Morality and Law*, 95 Harv. L. Rev. 916, 934（1982）（认为，总的来说，"合同法主要发挥支持性……作用"）.

8　*See* Restatement（Third）of Employment Law § 1.01 cmt. g（2015）.

9　*See* Restatement（Second）of Agency § 220（2）（1958）；*see also* Richard R. Carlson, *Why the Law Still Can't Tell an Employee When It Sees One and How It Ought to Stop Trying*, 22 Berkeley J. Emp. & Lab. L. 295（2001）；Julia Tomasetti, *The Contracting/ Producing Ambiguity and the Collapse of the Means/Ends Distinction in Employment*, 66 S. C. L. Rev. 315, 336-40（2014）（经济现实测试"极其不精确且难处理"）.

10　*See* Teresa J. Webb et al., *An Empirical Assist in Resolving the Classification Dilemma of Workers as Either Employees or Independent Contractors*, 24 J. Appl. Bus. Res. 45（2008）（推导出三个主要标准：雇主控制、服务整合以及助理报酬）；*see also*, *e. g.*, Robert W. Wood, *Do's and Don'ts When Using Independent Contractors*, Business Law Today（June 16, 2011）*available at* http://apps. americanbar. org/buslaw/

blt/content/2011/06/article/wood. shtml；U. S. Chamber of Commerce，*Tips for Using Independent Contractors*，*available at* http：//www. uschambersmallbusinessnation. com/toolkits/guide/P05_0092.

11 Greg Bensinger，*Startups Scramble to Define "Employee"*，Wall St. J.，July 30, 2015.

12 也就是说，它适用于"定期招揽、参与或执行消费者交易"的卖方与出于"个人、家庭或家庭成员"目的而采购的买方进行交易的情况。《统一消费者销售行为法》（Uniform Consumer Sales Practices Act）§ 2（1），（5），7A U. L. A. 69（2002）。消费者通常不能选择退出这些保护。*See* Carolyn L. Carter & Jonathan Sheldon，Unfair and Deceptive Acts and Practices § 4. 2. 19. 4, at 257−61（8th ed. 2012）；Dee Pridgen & Richard M. Alderman，Consumer Protection and the Law § 5：21（2014 ed. ）.

13 *See* Gisela Rühl，*Consumer Protection in Choice of Law*，44 Cornell Int'l L. J. 569，571−75（2011）.

14 *Canal Elec. Co. v. Westinghouse Elec. Corp.*，548 N. E. 2d 182, 187（Mass. 1990）.

15 Tex. Bus. & Com. Code Ann. § 17. 42（a）（West 2011）.

16 *See* Hanoch Dagan，*Autonomy，Pluralism，and Contract Law Theory*，76（2）Law. & Contemp. Probs. 19（2013）.

17 *See* Raz，*supra* note 3, at 265.

18 *Id*. at 162.

19 *Id*. at 133，265.

20 Stephen A. Smith，Contract Theory 139（2004）.

21 *Id*. at 140.

22 Dori Kimel，From Promise to Contract：Towards a Liberal Theory of Contract 78（2003）.

23 *Id*. at 79.

24 参见以下文本附注 42~49。

25 Alan Schwartz & Robert E. Scott，*Contract Theory and the Limits of Contract Law*，113 Yale L. J. 541，544（2003）.

26 *See，e. g.*，Ian Ayres & Robert Gertner，*Filling Gaps in Incomplete Contracts：An E-*

conomic Theory of Default Rules, 99 Yale L. J. 87 (1989); Russell B. Korobkin & Thomas S. Ulen, *Law and Behavioral Science*: *Removing the Rationality Assumption from Law and Economics*, 88 Cal. L. Rev. 1051 (2000).

27　*See* Ronald J. Gilson, Charles F. Sabel & Robert E. Scott, *Braiding*: *The Interaction of Formal and Informal Contracting in Theory*, *Practice*, *and Doctrine*, 110 Colum. L. Rev. 1137 (2010).

28　*Cf.* Charles J. Goetz & Robert E. Scott, *The Limits of Expanded Choice*: *An Analysis of the Interactions between Expressed and Implied Contract*, 73 Cal. L. Rev. 261, 286–88 (1985); Michael Klausner, *Corporations*, *Corporate Law*, *and Networks of Contracts*, 81 Va. L. Rev. 757, 766, 788 (1995).

29　*Cf.* Eyal Zamir, *The Inverted Hierarchy of Contract Interpretation and Supplementation*, 97 Colum. L. Rev. 1710, 1758–59 (1997).

30　Manfred Rehbinder, *Status*, *Contract*, *and the Welfare State*, 23 Stan. L. Rev. 941, 955 (1971).

31　*Id.* at 953.

32　Restatement (Third) of Suretyship & Guaranty (1996).

33　*See*, *e. g.*, Frank S. H. Bae & Marian E. McGrath, *The Rights of a Surety* (*Or Secondary Obligor*) *Under the Restatement of the Law*, *Third*, *Suretyship and Guaranty*, 122 Banking L. J. 783, 787–89 (2005).

34　*See* Restatement (Third) of Suretyship and Guaranty § 22 (1) (a) (1996).

35　*See* Samuel Williston, The Law of Contracts iii (1st ed. 1920). ("无论契约的界限可能多么模糊，它都在法律中占据了如此大的空间，以至于呈现给选择这个主题的人的最大障碍是它的规模……在保险政策或担保合同中发现的契约基本原则的最简单应用，往往被这些主题的作者视为保险法或担保法的独特性，不受一般规则的控制。因此，似乎应该将契约这一主题作为一个整体来对待，并显示其原则的广泛适用范围。")

36　*See* 72 C. J. S. Principal and Surety § 3 (Mar. 2013); The Law of Suretyship and Guaranty § 3：4.

37　*See*, *e. g.*, Robert W. Gordon, *Unfreezing Legal Reality*: *Critical Approaches to Law*,

15 Fla. St. U. L. Rev. 195, 212-14 (1987).

38 *See respectively*, *e. g.*, Robert E. Keeton & Alan I. Widiss, Insurance Law 628 (1988); Eugene R. Anderson & James J. Fournier, *Why Courts Enforce Insurance Policyholders' Objectively Reasonable Expectations of Insurance Coverage*, 5 Conn. Insur. L. J. 455 (1998).

39 *See* Ronald J. Gilson, Charles F. Sabel & Robert E. Scott, *Text and Context: Contract Interpretation as Contract Design*, 100 Cornell L. Rev. 23, 82-83 (2014).

40 *Id.*

41 *Id.* at 84.

42 参见下文第 8 章，文本附注 5~6，以及附随文本。

43 *See* Pridgen & Alderman, *supra note 12*, at §§3:1, 3:15 (讨论国家法律禁止不公平和欺骗性贸易实践的一般范围).

44 *See id.*, at §§7:1 (州检察长的作用), 7:28 (市政执法).

45 *See id.*, at §§11:1 (误导性广告), 9:10 (强制性销售术), 10:1 (欺诈性交易实践), 9:11 (对儿童、老人和体弱多病者的商业剥削).

46 *See What Does FDA Do?*, Food and Drug Administration (April 20, 2015), www.fda.gov/AboutFDA/Transparency/Basics/ucm194877.htm; *About Us*, Consumer Finance Protection Bureau (March 25, 2015), www.consumerfinance.gov/the-bureau/.

47 *See* 15 U.S.C. §§1-38 (2013) (反垄断监管); 15 U.S.C. §§77a-78lll (2013) (证券监管); 15 U.S.C. §§1601-1693 (r) (2013) (消费者信用保护).

48 *See*, *e. g.*, Stephen G. Breyer, Regulation and Its Reform 7-8 (1982).

49 *See* Joseph William Singer, No Freedom without Regulation 64 (2015).

50 *See* Ian Ayres, *Menus Matter*, 73 U. Chi. L. Rev. 3, 8 (2006) (认为即使"仅重申私人当事人本可以通过其他方式在契约方面去做而未做的法定清单也会产生很大影响").

51 参见下文第 11 章，文本附注 11~14。

第 8 章

1 *See* Philip Pettit, *The Cunning of Trust*, 24 Phil. & Pub. Aff. 202, 209-10 (1995).

2　*Cf.* Eyal Zamir, *Contract Law and Theory：Three Views of the Cathedral*, 81 U. Chi. L. Rev. 2077, 2086−87（2014）.

3　文中的警示性语言是经过深思熟虑的。他旨在澄清我们对消费者合同法的概念并不依赖于浓重的完美主义自治概念。

4　这种对消费者交易的再概念化，产生于我们对基梅尔的契约论述的讨论，参见上文第 7 章，文本附注 22 ~ 24，在某种程度上是卡尔·卢埃林所期望的。*See* Robert A. Hillman & Jeffrey J. Rachlinski, *Standard−Form Contracting in the Electronic Age*, 77 N. Y. U. L. Rev. 429, 455（2002）.

5　对企业施加更高披露义务的规则在此似乎也相关，但情况更为棘手，因为为了高效，所以披露确实需要消费者给予一定的关注。*See* Oren Bar−Gill, Seduction by Contract：Law, Economics, and Psychology in Consumer Markets（2012）.

6　*See respectively* Omri Ben−Shahar & Eric A. Posner, *The Right to Withdraw in Contract Law*, 40 J. Legal Stud. 115（2011）；Alan Schwartz & Louis L. Wilde, *Imperfect Information in Markets for Contract Terms：The Examples of Warranties and Security Interests*, 69 Va. L. Rev. 1387（1983）.

7　*See* Tess Wilkinson−Ryan, *Intuitive Formalism in Contract*, 163 U. Pa. L. Rev. 2109, 2121, 2126−27（2015）.

8　参见上文第 5 章，文本附注 25。

9　*See* Fred H. Miller, *Consumers and the Code：The Search for the Proper Formula*, 75 Wash. U. L. Q. 187, 187−99（1997）；*see generally* Anthony T. Kronman, *Paternalism and the Law of Contracts*, 92 Yale L. J. 763（1983）.

10　参见下文文本附注 30。

11　参见上文第 7 章，文本附注 12 ~ 15。

12　Joseph Raz, Ethics in the Public Domain：Essays in the Morality of Law and Politics 105（1994）.

13　*Id.*

14　参见上文第 5 章，文本附注 25。

15　关于这一认同引起的一些难题，参见 Omri Ben−Shahar, *Forward：Freedom from Contract*, 2004 Wisc. L. Rev. 261.

16 *See* Lon L. Fuller, *Consideration and Form*, 41 Colum. L. Rev. 799（1941）.

17 *See* Principles of European Contract Law § 2：101 cmt. B（Communication on European Contract Law, Ole Lando & Hugh Beale eds. , 2000）；Principles, Definitions and Model Rules of European Private Law：Draft Common Frame of Reference（DCFR）, Outline Edition § II：401（Christian von Bar et al. , eds. , 2009）；EU Commission, Proposal for a Common European Sales Law § 39（2）（2011）.

18 *See*, *e. g.* , Steven M. Haas, *Contracting Around Fraud Under Delaware Law*, 10 Del. L. Rev. 49, 50−51（2008）；Melissa T. Lonegrass, *Finding Room for Fairness in Formalism—the Sliding Scale Approach to Unconscionability*, 44 Loy. U. Chi. L. J. 1, 1−6（2012）.

19 *See*, *e. g.* , Eric A. Posner, *The Parol Evidence Rule*, *the Plain Meaning Rule*, *and the Principles of Contractual Interpretation*, 146 U. Pa. L. Rev. 533, 534（1998）.

20 *See*, *e. g.* , Gregory Klass, *Intent to Contract*, 95 Va. L. Rev. 1437, 1480−87, 1488−97（2009）.

21 参见上文第3章, 文本附注10~12。

22 参见上文第3章, 文本附注41~51。

23 *See* Martijn W. Hesselink, *Private Law Principles*, *Pluralism and Perfectionism*, *in* General Principles of EU Law and European Private Law 21（Ulf Bernitz & Xavier Groussot eds. , 2013）.

24 *See* Basil Markesinis et al. , German Contract Law：A Comparative Treatise 162−63（2006）. 意大利合同法（根据某些解释）为这一规则提供了一个麻烦的例外示例, 通过积极地要求此类交易的当事人表明它们旨在实现有价值的利益。 *See* Arthur Von Mehren, *A General View of Contract*, *in* 7 International Encyclopedia of Comparative Law 28−29（Arthur Von Mehren ed. , 1982）.

25 然而, 这种区分是否正当是值得商榷的。*See* Hanoch Dagan, *The Challenges of Private Law*, *in* Private Law in the 21st Century 67, 78−79（Kit Barker et al. , eds. , 2016）.

26 *Cf.* Hugh Collins, Regulating Contracts 176−77（1999）.（他认为, 为了让"交易的新类型得到法律支持", 需要的不是"一套适用于全部契约类型的统一规则", 而是相当抽象的"摆脱了特定协议类型限制"的规则。)

27 *See* Yuval Feldman & Doron Teichman, *Are All Contractual Obligations Created Equal?*, 100 Geo. L. J. 5, 31, 38 – 39 (2011).

28 *See* Stephen A. Smith, *Future Freedom and Freedom of Contract*, 59 Mod. L. Rev. 167 (1995).

29 *See generally* Leslie Green, *Rights of Exit*, 4 Leg. Theory 165 (1998); Dori Kimel, *Promise, Contract, Personal Autonomy, and the Freedom to Change One's Mind*, *in* Philosophical Foundations of Contract 96, 101 – 03 (Gregory Klass et al., eds., 2014); Aditi Bagchi, *Contract Law as Procedural Justice*, 2015 Jurisprudence 1, 16 – 17.

30 *See* Meir Dan-Cohen, Rights, Persons, and Organizations: A Legal Theory for Bureaucratic Society 77 – 78 (1986).

31 *See* Ronald J. Gilson, *The Legal infra structure of High Technology Industrial Districts: Silicon Valley, Route 128, and Covenants Not to Compete*, 74 N. Y. U. L. Rev. 575, 594 – 619 (1999)(将硅谷的活力部分归因于竞业禁止协议的有限执行); *see also* Ruth Simon & Angus Loten, *When a New Job Leads to a Lawsuit*, Wall St. J., Aug. 15, 2013, at B1(讨论在可执行性方面的国家差异).

32 *See, e. g.*, Douglas Belkin, *More College Students Selling Stock – in Themselves*, Wall St. J, Aug. 5, 2015(讨论收入分成贷款合同).

33 *See, e. g.*, Deborah A. DeMott, *The Fiduciary Character of Agency and the Interpretation of Instructions*, *in* Philosophical Foundations of Fiduciary Law 321, 333 – 36 (Andrew Gold & Paul Miller eds., 2014).

34 *Cf.* Richard H. Pildes, *Conceptions of Value in Legal Thought*, 90 Mich. L. Rev. 1520, 1557 (1992).

35 *Cf.* Eyal Zamir & Barak Medina, Law, Economics, and Morality 1 – 8, 79 – 104 (2010)(定义"阈值道义论").

36 *See generally* Cass Sunstein, *Incommensurability and Valuation in Law*, 92 Mich. L. Rev. 779 (1994).

37 *See* Hanoch Dagan & Avihay Dorfman, *Just Relationships*, 116 Colum. L. Rev. 1395 (2016), 这就是本节所依赖的。

38　*See*, *e. g.*, Peter Benson, *The Unity of Contract Law*, *in* The Theory of Contract Law: New Essays 118, 130-31 (Peter Benson ed. , 2001); Daniel Markovits, *Contract and Collaboration*, 113 Yale L. J. 1417 (2004).

39　*See* Restatement (Second) of Contracts § 12 (1981).

40　*See id.* § 177.

41　*See id.* § 208.

42　Seana Valentine Shiffrin, *Paternalism*, *Unconscionability Doctrine*, *and Accommodation*, 29 Phil. & Pub. Aff. 205, 206 (2000).

43　Stephen M. Waddams, *Unconscionability in Contracts*, 39 Mod. L. Rev. 369, 369 (1976).

44　*Patterson v. Walker-Thomas Furniture Co.* , 277 A. 2d 111, 113 (D. C. 1971).

45　*See* Dagan & Dorfman, *supra* note 37, at 1438-45; *see also* Hugh Collins, *The Vanishing Freedom to Choose a Contractual Partner*, 76 (2) Law & Contemp. Probs. 71, 74, 77 (2013).

46　National Labor Relations Act, 29 U. S. C. § 151 (1935).

47　*See* Mark Barenberg, *The Political Economy of the Wagner Act*: *Power*, *Symbol*, *and Workplace Cooperation*, 106 Harv. L. Rev. 1379, 1423 (1993).

48　*Cf.* Roberto Mangabeira Unger, *The Critical Legal Studies Movement*, 96 Harv. L. Rev. 561, 629-30 (1983).

49　*See* Paul Weiler & Guy Mundlak, *New Direction for the Law of the Workplace*, 102 Yale L. J. 1907, 1911 (1993). ("在新政劳动法政策的支持下，私营非农业劳动力的工会代表……到 1950 年代中期飙升至近 40%。从这个基础来看，集体谈判极大地影响了工会化公司或主要工会化行业的非工会化公司的非工会员工的就业条件。")

50　*See id.* at 1912-13 (讨论由于企业工会回避政策导致的工会化的降低).

51　*See* Rebecca J. Livengood, *Organizing for Structural Change*: *The Potential and Promise of Worker Centers*, 48 Harv. C. R. -C. L. L. Rev. 325, 340 (2013) [解释了《塔夫脱-哈特莱法案》(Taft-Hartley Act) 第 14 (b) 条允许各州通过工作权法，禁止工会代理制的规定，并且有 23 个州已经这样做了].

52　Lonnie K. Stevans, *The Effect of Endogenous Right-to-Work Laws on Business and E-conomic Conditions in the United States: A Multivariate Approach*, 5 Rev. L. & Econ. 595 (2009); *see also Communications Workers of America v. Beck*, 487 U. S. 735, 745 (1988) (重申不得要求雇员在集体谈判、契约管理和申诉调整之外支持工会活动). *See also* Paul C. Weiler, Governing the Workplace: The Future of Labor and Employment Law 72–78 (1990) (表明许多非工会工人更喜欢"因由"保证, 但"非工会劳动力市场的一些特征阻碍了……这种偏好").

53　*See, e.g.*, Robert W. Gordon, *Unfreezing Legal Reality: Critical Approaches to Law*, 15 Fla. St. U. L. Rev. 195, 209–10 (1987).

54　*Cf.* Jedediah Purdy, The Meaning of Property: Freedom, Community, and the Legal Imagination 88, 112 (2010).

55　本段主要借鉴了 Avihay Dorfman, Private Law Exceptionalism? Part II: A Basic Difficulty with the Argument from Formal Equality (2015) (未发表的手稿).

56　关于这种区别, 参见 Peter De Marneffe, *Liberalism, Liberty, and Neutrality*, 19 Phil. & Pub. Aff. 253 (1990). 我们的讨论暂搁了关于中立性的更广泛 (熟悉) 的疑虑, 而是试图证明, 无论对中立性的担忧多么明显, 选择理论都提供了在契约问题上可采取的最中立的路径。

57　*See* Hesselink, *supra* note 23.

58　参见上文文本附注 16~21。

59　*See generally* Tom Ginsburg et al., *Libertarian Paternalism, Path Dependence, and Temporary Law*, 81 U. Chi. L. Rev. 291, 302–25 (2014); Cass R. Sunstein & Richard H. Thaler, *Libertarian Paternalism Is Not an Oxymoron*, 70 U. Chi. L. Rev. 1159, 1161, 1171–83 (2003).

60　*See* Manfred Rehbinder, *Status, Contract, and the Welfare State*, 23 Stan. L. Rev. 941, 951 (1971).

61　*Cf.* Martijn W. Hesselink, *Democratic Contract Law*, 11 Eur. Rev. Contract L. 81 (2015).

62　*Cf.* Hanoch Dagan, *Judges and Property*, *in* Intellectual Property and the Common Law 17 (Shyam Balganesh ed., 2014).

63　参见上文第3章，文本附注50。此外，即使我们被证明是错误的，而且——以中立的名义——自由主义合同法依赖于独立式而非基于自治的结构多元化更为合理，也应该注意到，这两种方法的实际影响在很大程度上趋同。*See* Hanoch Dagan, *Pluralism and Perfectionism in Private Law*, 112 Colum. L. Rev. 1409, 1424 (2012).

64　参见上文文本附注31~33。

65　*See* Samuel Scheffler, Equality and Tradition: Questions of Value in Moral and Political Theory 50 (2010).

66　参见上文第5章，文本附注3。*Cf.* Stephen A. Smith, Contract Theory 76-77 (2004).

第9章

1　*See* Roy Kreitner, *Multiplicity in Contract Remedies*, *in* Comparative Remedies for Breach of Contract 19, 19 – 20, 38, 49 (Nili Cohen & Ewan McKendrick eds. , 2005); Alan Schwartz, *The Default Rule Paradigm and the Limits of Contract Law*, 3 S. Cal. Interdisciplinary L. J. 389 (1994); Ronald J. Gilson, Charles F. Sabel & Robert E. Scott, *Text and Context: Contract Interpretation as Contract Design*, 100 Cornell L. Rev. 23 (2014). *See generally* Roy Kreitner, *On the New Pluralism in Contract Theory*, 45 Suffolk U. L. Rev. 915 (2012).

2　*See* R. M. Helmholz, *Bailment Theories and the Liabilities of Bailees: The Elusive Standard of Reasonable Care*, 41 U. Kan. L. Rev. 97, 99 (1992).

3　*See* Daniel Markovits, Promise Made Pure (未发表的手稿), at 5; *cf.* Seana Valentine Shiffrin, *Enhancing Moral Relationships through Strict Liability*, 62 U. Toronto L. J. 353 (2016).

4　*See* Tony Weir, *Contracts in Rome and England*, 66 Tulane L. Rev. 1615, 1642 – 43 (1992).

5　*See* Helmholz, *supra* note 2, at 109-29 (描述严格责任例外的扩张).

6　*Id.* at 99.

7　*See*, *e. g.*, Melvin Aron Eisenberg, *The Limits of Cognition and the Limits of Contract*, 47 Stan. L. Rev. 211, 225-36 (1995).

8　*See*, *e. g.*, Alan Schwartz, *The Myth That Promisees Prefer supra compensatory Remedies*: *An Analysis of Contracting for Damage Measures*, 100 Yale L. J. 369 (1990).

9　参见上文第 8 章，文本附注 40~54。

10　*See* Meredith R. Miller, *Contract Law*, *Party Sophistication and the New Formalism*, 75 Mo. L. Rev. 493, 512 (2010).

11　*See* Avery Katz, *Virtue Ethics and Efficient Breach*, 45 Suffolk U. L. Rev. 777, 794–97 (2012)（讨论了效率违约的教义基础，特别是注意到了在非市场背景中引入效率违约所引起的道德反对意见）; Margaret F. Brinig, "*Money Can't Buy Me Love*": *A Contrast between Damages in Family Law and Contract*, 27 J. Corp. L. 567, 572–79, 589 (2002)（详细说明了一些契约理论，特别是效率违约，在家庭法背景下如何不适用也不应适用）。

12　*See also*, *e. g.*, Brett E. Lewis, *Secondary Obligors and the Restatement Third of Suretyship and Guaranty*: *For Love or Money*, 63 Brook. L. Rev. 861 (1997)（因没有区分有偿担保人和无偿担保人而批评担保法）。

13　*See* Hugh Collins, Regulating Contracts 181 (1999)（认为合同法"必须抵制形式逻辑理性的普遍化趋势，即对每种类型的交易都适用相同的规则，因为单一规则可能无法对交易类型和商业关系作出当事人所期望的区分"）。

14　*See* Collins, *id.* at 78.

15　*See generally* Hanoch Dagan, Reconstructing American Legal Realism & Rethinking Private Law Theory ch. 6 (2013)（讨论这种方法论认同）。

16　*See* P. S. Atiyah, The Rise and Fall of Freedom of Contract 102–03 (1979); Duncan Kennedy, *The Structure of Blackstone's Commentaries*, 28 Buff. L. Rev. 205, 327–50 (1979).

17　参见上文第 8 章，文本附注 50。

18　我们故意使用形容词"规范上有吸引力的"来描述国家必须提供的契约类型，因为——尽管我们不致力于成熟的拉齐亚（Razian）自治（参见上文第 7 章注释 1）——我们认为，"忽略通过某人行使自治而选择的活动的价值是错误的。" Youngjae Lee, *Valuing Autonomy*, 75 Fordham L. Rev. 2973, 2987 (2007).

19　*See generally* J. William Callison, *Benefit Corporations*, *Innovation and Statutory De-*

sign, 26 Regent L. Rev. 143（2014）.

20　*See* Henry Hansmann & Reinier Kraakman, *Property, Contract, and Verification*: *The Numerus Clausus Problem and the Divisibility of Rights*, 31 J. Legal Stud. 373, 374–75, 380–84, 416–17, 419（2002）. *See also, e. g.*, Glenn O. Robinson, *Personal Property Servitudes*, 71 U. Chi. L. Rev. 1449, 1484–88（2004）.

21　Hanoch Dagan, Property: Values and Institutions 18–20, 31–35（2011）.

22　*See* Jody Freeman, *The Contracting State*, 28 Fla. St. U. L. Rev. 155, 164 – 165（2000）（讨论与政府谈判以获得优惠条件的困难）.

23　*Id.* at 201–202（"尽管引起了相当大的关切，但契约性工具也代表了潜在的有用的问责工具。可以想象，公私合同不仅可以作为提供社会服务或实现监管目的的机制，还可以作为实现公平、公开和问责等公法价值的工具"）; *see also* Gillian Hadfield, *Of Sovereignty and Contract*: *Damages for Breach of Contract by Government*, 8 S. Cal. Interdisc. L. J. 467, 488–492（1999）（讨论便利终止条款对民主进程的好处）.

24　*See* Curtis A. Bradley, *The Treaty Power and American Federalism*, 97 Mich. L. Rev. 390（1998）（详细阐述了对国际事务的广泛性联邦控制的宪法关切）.

25　*See* Pierrick Le Goff, *Global Law*: *A Legal Phenomenon Emerging from the Process of Globalization*, 14 Ind. J. Global Legal Stud. 119, 130–136（2007）（认识到公共和私营国际组织在研发全球合同法方面的重要性）.

26　*See* Tai‑Heng Cheng, Power, *Authority, and International Investment Law*, 20 Am. U. Int'l L. Rev. 465, 515–517（2005）（讨论在目前国际仲裁制度中，由于论坛选择*和既判力薄弱，难以建立一个连贯的国际投资法律体系）.

第 10 章

1　参见上文第5章，文本附注 14～16 以及附随文本。

2　参见上文第6章，文本附注 14～16 以及附随文本。*See also, e. g.*, Hugh Collins,

---

*　论坛选择（forum shopping），是指试图在（或将其转移到）对提起诉讼方最有利的管辖区提起诉讼的行为。——译者注

Is a Relational Contract a Legal Concept? (2015) (未发表的手稿).

3　*See*, *e. g.*, Ian Ayres & Richard E. Speidel, Studies in Contract Law 719 (7th ed. 2008).

4　参见上文第7章，文本附注39。

5　关于代理人约束委托人的权力，参见 Restatement (Third) of Agency §§ 6.01-6.02, 2.01-2.02 (2006); 关于委托人的义务，参见 *id.* § 7.03-7.08.

6　*See id.* § 8.09 cmt. b.

7　*Cf.* Deborah A. DeMott, *The Fiduciary Character of Agency and the Interpretation of Instructions*, *in* Philosophical Foundations of Fiduciary Law 321, 337 (Andrew Gold & Paul Miller eds. , 2014) ("指导、监督和权力都对代理关系的运作非常重要").

8　Restatement (Third) of Agency § 8.11 (2006); *see also* Restatement (Third) of the Law Governing Lawyers § 20 (1) (2000).

9　*See* Restatement (Third) of the Law Governing Lawyers § 20 (1) (2000).

10　*See* Restatement (Third) of Agency §§ 4.01-4.08 (2006) [讨论委托人和代理人之间关系的调整是如何在一定程度上受追认 (ratification) 原则支配的]; *see also* Peter Tiersma, *The Language of Silence*, 48 Rutgers L. Rev. 1, 31 - 43 (1995) (分析了代理人行为和委托人沉默可能通过对委托人施加义务而改变代理关系的方式).

11　参见上文第8章，文本附注65以及附随文本。

12　有人声称，律师应该把注意力转向法律在人们日常生活中运作的方式，而不是关注其异常，参见 H. L. A. Hart, The Concept of Law 79-88 (1961). *see also* Lisa Bernstein, *Merchant Law in a Merchant Court: Rethinking the Code's Search for Immanent Business Norms*, 144 U. Pa. L. Rev. 1765, 1796-98 (1996) (在商法背景下，区分"关系维护规范"和"终局规范").

13　*See* Hanoch Dagan & Michael A. Heller, *The Liberal Commons*, 110 Yale L. J. 549, 597-98 (2001); Carolyn J. Frantz & Hanoch Dagan, *Properties of Marriage* 104 Colum. L. Rev. 75, 95-98 (2004).

14　*See* Hanoch Dagan, The Law and Ethics of Restitution 278-82 (2004).

15　Ori Aronson, *The How Many Question: An Institutionalist Guide to Pluralism*, *in* Institutionalizing Rights and Religion: Competing Supremacies 147 (Leora F. Batnitzky & Hanoch Dagan eds. , 2017).

16 *Id.*

17 参见下文第 12 章, 文本附注 1~8。

18 *See* Aronson, *supra* note 15, at 162.

19 *Id.* at 158, 161. (注意到这一过程的一个特别复杂的挑战是, 尽管有多种选项可行, 但仍要评估长期趋同的意义: 这是否源于设计者未能创造适当契约类型, 或未能将其潜在的优点恰当地传达给缔约当事人? 或者这可能意味着在这一领域, 选择并没有他们想象的那么重要?)

20 *See generally*, *e. g.*, William T. Allen et al. , Commentaries and Cases on the Law of Business Organization (3d ed. 2009); Larry E. Ribstein, The Rise of Unincorporation (2010).

21 *See*, *e. g.*, Frank H. Easterbrook & Daniel R. Fischel, The Economic Structure of Corporate Law 34-35 (1991).

22 *See* Edward P. Welch & Robert S. Saunders, *Freedom and Its Limits in the Delaware General Corporation Law*, 33 Del. J. Corp. L. 845, 846-47 (2008).

23 *See* Terry A. O'Neill, *Toward a New Theory of the Closely-Held Firm*, 24 Seton Hall L. Rev. 603, 605 (1993).

24 Victor Li, *The End of Partnership?*, ABA J. , Aug. 2015, at 48.

25 *Id.*, at 71 (引用 Robin Gibbs)。

26 比较 1 Friedman on Leases § 1: 2.1 (Patrick A. Randolph, Jr. ed. , 5th ed. , rel. 20, 2012) (讨论了居住租赁的现代方法), 和 *id.* § 1: 2.2 (讨论商业租赁)。

27 *See* Hanoch Dagan & Sharon Hannes, *Managing Our Money: The Law of Financial Fiduciaries as a Private Law Institution*, *in* Philosophical Foundations of Fiduciary Law, *supra* note 7, at 91, 103-05, 118, 121.

28 可以肯定的是, 这条规则相对较新, 而且目前仍有争议。解决这一复杂争议超出了本书范围。就我们的目的而言, 可以说在某种程度上它是有问题的, 其困难源于受托人 (和信托顾问) 获得报酬的传统方式所产生的不利影响。*See* Dagan & Hannes, *supra* note 27, at 113-14.

29　*See id.* at 111−12.

30　参见上文第 8 章，文本附注 12~22。

31　*See*，*e.g.*，Steven M. Shavell，Foundations of Economic Analysis of Law 207−14（2004）；Stephanie M. Stern，Psyched−Out：The Implications of Comparative Institutional Expertise for Psychologically−Informed Law（未发表的手稿）.

32　请注意，在本节中，我们在广义上使用"监管"和"规则"这两个术语，而不是我们在第 7 章中使用的更技术性的管理意义上的用法。

33　*See* Hanoch Dagan，*Pluralism and Perfectionism in Private Law*，112 Colum. L. Rev. 1409，1436（2012）.

34　*See* Melanie B. Leslie，*Trusting Trustees：Fiduciary Duties and the Limits of Default Rules*，94 Geo. L. J. 67，69−70，91，116（2005）. *Cf.* Dagan，*supra* note 33，at 1436（是指婚前协议，约定某段婚姻将持续一周或一个月）.

35　Gerald Dworkin，Paternalism，in Paternalism 19，20，23，27−29（Rolf Sartorius ed.，1983）. 关于法律家长式作风的弱版本和强版本的区别，参见 Joel Feinberg，Legal Paternalism，*id.* at 3，8−11，17.

36　参见上文第 8 章，文本附注 6。

37　*See* Thomas J. Stipanowich，*The Third Arbitration Trilogy：Stolt−Nielsen，Rent−A−Center，Concepcion and the Future of American Arbitration*，22 Am. Rev. Int'l Arb. 323，408（2011）（"美国最高法院的仲裁法理使美国对消费者和雇员的程序性权利的保护程度，比世界上几乎任何其他司法管辖区的都要低"）.

38　*See* Judith Resnik，*Diffusing Disputes：The Public in the Private of Arbitration，the Private in Courts，and the Erasure of Rights*，124 Yale L. J. 2804，2810−11（2015）.

39　参见上文第 7 章，文本附注 12~14，以及第 8 章，文本附注 4~11。

40　*See* Ian Ayres，*Regulating Opt Outs：An Economic Analysis of Altering Rules*，121 Yale L. J. 2032，2097（2012）[粘性默认可以最小化当事人错误（或司法错误）的成本，并引导缔约方朝着更好控制外部性的方法努力].

41　参见上文文本附注 34。

42　Ayres，*supra* note 40，at 2086.

43　*See* Dagan & Hannes，*supra* note 27，at 107−11，115−18.

第 11 章

1　参见下文第 12 章，文本附注 1~8 以及附随文本。

2　*See* Ronald J. Gilson, Charles F. Sabel & Robert E. Scott, *Contract and Innovation：The Limited Role of Generalist Courts in the Evolution of Novel Contractual Forms*, 88 N. Y. U. L. Rev. 170 (2013). *But cf.* Hugh Collins, Regulating Contracts 77–78 (1999) (承认"随着时间的推移，法律原则已经为某些经常发生和常见契约类型制定了专门的规则"，但坚持认为"与商业交易的潜在多样化相比，有名合同的清单仍然很短").

3　例如，在抵押贷款衍生品合同的设计中长期存在的市场失灵，催化了最近在房地产缔约新类型中的立法干预。*See generally* Michael Heller, The Gridlock Economy：How Too Much Ownership Wrecks Markets, Stops Innovation, and Costs Lives xvi (2008).

4　William N. Eskridge Jr., *Family Law Pluralism：The Guided Choice Regime of Menus, Default Rules, and Override Rules*, 100 Geo. L. J. 1881, 1891 (2012).

5　在这一点上，我们不同于 Nathan B. Oman, *A Pragmatic Defense of Contract Law*, 98 Geo. L. J. 77, 94–105 (2009)，他认为多元主义的合同法阻碍了实验主义。

6　参见上文第 8 章，文本附注 24~27。

7　参见上文第 7 章，文本附注 8~10。

8　*See* Jesse Rudy, *What They Don't Know Won't Hurt Them：Defending Employment-at-Will in Light of Findings That Employees Believe They Possess Just Cause Protection*, 23 Berkeley J. Emp. & Lab. L. 307, 309–10 (2002).

9　*See* Restatement (Third) of Employment Law § 2. 01 cmt. b (2015); Barry D. Roseman, *Just Cause in Montana：Did the Big Sky Fall?*, American Constitution Soc'y, Sept. 2008, *available at* https：//secure. acslaw. org/files/roseman%20issue% 20brief_ 0. pdf.

10　Charles J. Muhl, *The Employment-at-Will Doctrine：Three Major Exceptions*, Monthly Labor Rev. 3 (2001) (讨论例外情况并按州列出它们).

11　*See* Seth D. Harris & Alan B. Krueger, *A Proposal for Modernizing Labor Laws for Twenty-First-Century Work：The "Independent Worker,"* Brookings Institution Working Paper, Dec. 2015; *see also* Justin Fox, *Your Uber Driver Should Be an "Independent Worker,"* BloombergView（Dec. 8, 2015）, www. bloombergview. com/articles/2015-12-08/labor-laws-need-modernizing-for-the-gig-economy-worker; Justin Fox, *Uber and the Not-Quite-Independent Contractor*, BloombergView（June 23, 2015）, www. bloombergview. com/articles/2015-06-23/uber-drivers-are-neither-employees-nor-contractors［http://perma. cc/LU8Q-99N6］; Lauren Weber, *What If There Were a New Type of Worker? Dependent Contractor*, Wall St. J. , Jan. 28, 2015; Lauren Weber & Rachel E. Silverman, *On-Demand Workers*："We Are Not Robots," Wall St. J. , Jan. 27, 2015.

12　See, e. g. , McKee v. Reid's Heritage Homes, Ltd. , 2009 *ONCA* 916（*Can. Ont.* ）（将依赖型缔约方定义为"一个中间类别……至少包括那些表现出最低限度经济依赖性的非雇佣工作关系", 并且"在终止时应被给予合理通知"）.

13　Cotter v. Lyft Inc. , *Civil Action No. 13-cv-04065-VC*（*N. D. Cal.* , *Mar.* 11, 2015）（驳回了简易判决交叉动议的命令）.

14　*Cf.* Benjamin Sachs, *A New Category of Worker for the On-Demand Economy*, OnLabor Blog, June 22, 2015, http://onlabor. org/2015/06/22/a-new-category-of-worker-for-the-on-demand-economy（探讨新雇佣合同类型设计中的难点）.

15　与工作分担制计划相反, 其是旨在减少工作时间的自愿协议, 而工作共享制计划为经济衰退时期的失业提供了一种替代方案。工作共享制计划允许雇主通过减少所有雇员的工作时间和工资来避免裁员。政府不向新下岗的工人支付失业救济金, 而是补贴这些缩短工时的工人的工资。在德国, 这些计划在应对失业方面取得了巨大成功, 但仍然只占美国政府支付的失业率的2%。欲了解更多信息, 参见 Megan Felter, *Short-Time Compensation*：*Is Germany's Success with Kurzarbeit an Answer to U. S. Unemployment?*, 35 B. C. Int'l & Comp. L. Rev. 481, 487（2012）; William B. Gould IV, *A Century and Half Century of Advance and Retreat*：*The Ebbs and Flows of Workplace Democracy*, 86 St. John's L. Rev. 431, 441（2012）.

16　有关灵活工作安排的一般概述、利弊讨论以及丰富的二次文献的选择, 参见 Christine Avery & Diane Zabel, The Flexible Workplace：A Sourcebook of Information and Research 37-80（2001）.

17 Joan C. Williams et al. , *Better on Balance? The Corporate Work/Life Report*, 10 Wm. & Mary J. Women & L. 367, 410-11 (2004)（注意到"孤岛"类型，即两名律师共享一个职位，但维护各自的待决案件量，以及"双胞胎"类型，即两名律师作为一个行事，并共享唯一的待决案件量）。

18 Marion Crain, "*Where Have All the Cowboys Gone?" Marriage and Breadwinning in Postindustrial Society*, 60 Ohio St. L. J. 1877, 1952 (1999)。

19 有关政府工作分担制政策的梗概，参见 U. S. Office of Personnel Management, www. opm. gov/employment _ and _ benefits/worklife/ officialdocuments/handbooks-guides/pt_employ_jobsharing/pt08. asp.

20 *See* Robert C. Bird, *Why Don't More Employers Adopt Flexible Working Time?*, 118 W. Va. L. Rev. 327, 341-342 (2015)。

21 *See* Erika C. Collins, *Labor and Employment Developments from around the World*, 38 Int'l Law. 149, 169 (2004)。

22 *See, e. g.*, Archibald Cox et al. , Labor Law: Cases and Materials (15th ed. 2011); Robert A. Gorman & Matthew W. Finkin, Labor Law: Analysis and Advocacy (2013)（主要的劳动法教科书讨论了排除掉替代性劳动法结构的工会）。

23 *See* Priya Baskaran, *Introduction to Worker Cooperatives and Their Role in the Changing Economy*, 24 J. Affordable Housing & Community Dev. L. 355, 370 (2015); *What is a Worker Cooperative?*, US Federation of Worker Cooperatives (Mar. 24, 2016), https://usworker. coop/about/what-is-a-worker-coop.

24 *See generally* David Ellerman & Peter Pitegoff, *The Democratic Corporation: The New Worker Cooperative Statute in Massachusetts*, 11 N. Y. U. Rev. L. & Soc. Change 441 (1982-1983)。

25 Kathleen, O'Malley, AB 816 Bill Analysis, at 11 (Cal. 2015), www. leginfo. ca. gov/ pub/ 15- 16/bill/asm/ab_ 0801 - 0850/ab_ 816_ cf a_ 20150715_ 173239_ asm_ floor. html.

26 *See* Cal. Worker Coop. Pol'y Coal. , Fact Sheet (June 24, 2015), https://d 3n8a8 pro7vhmx. cloudfront. net/theselc/pages/226/attachments/original/1439488297/ AB 816_ Fact_ Sheet_ vs_ 3. pdf? 1439488297.

27　ChristinaOatfield，Governor Brown Signs California Worker Cooperative Act，AB 816，Sustainable Econs. Law Ctr.（Aug. 12，2015），www. theselc. org/governor_ brown_ signs_ california_ worker_ cooperative_ act［http://perma. cc/K393-3KLN］.

28　*See* Stephen Machin & Stephen Wood，*Human Resource Management as a Substitute for Trade Unions in British Workplaces*，58 Indus. & Lab. Rel. Rev. 201，205（2005）.（指出"最直接构成工会替代方案的做法是那些可以取代谈判和发声角色的做法。更具体地说……个性化薪酬决定的形式，如个别谈判或施加与奖励和绩效相关的薪酬奖励"。）

29　*How an Employee Stock Ownership Plan（ESOP）Works*，National Center for Employee Ownership（Mar. 24，2016），www. nceo. org/articles/esop-employeestock-ownership-plan.

30　*See* Henry Hansmann，*When Does Worker Ownership Work? ESOPs*，*Law Firms*，*Codetermination*，*and Economic Democracy*，99 Yale L. J. 1749，1797（1990）.

31　*See id.* at 1758-59.

32　*See* Mark Barenberg，*Democracy and Domination in the Law of Workplace Cooperation：From Bureaucratic to Flexible Production*，94 Colum. L. Rev. 753，758（1994）（注意到工会会员从 1953 年的 37%下降到 1994 年的不到 12%）.

33　*See id.* at 759.

34　*See* National Labor Relations Act，29 U. S. C. § 158（a）（2）.

35　*See* Barenberg，*supra* note 32，at 928-46（讨论取消公司工会禁令的各种建议和理由）.

36　*Id.* at 948-960（讨论如何在工人之间实施多数表决，以在工会主义、自主团队、战略委员会以及非工会主义之间作出决定，以此作为一个最大化民主劳工赋权的手段）。关于废除禁令的失败尝试，参见 the Teamwork for Employees and Management Act，H. R. 1529，103d Cong. ，1st Sess.（1993）；还可参见 Barenberg，*supra* note 32，at 761（讨论此版本的废除尝试所存在的问题）。

37　有趣的是，法国立法机构一直特别积极地提供新雇佣合同类型，以解决因不充足的选择而造成的问题，并面对新兴挑战和机遇。*See Types of Job Contracts in France*，Angloinfo. com，http://france. angloinfo. com/working/employment/con tract-types/.

38 *See generally* Martha Field, *Compensated Surrogacy*, 89 Wash. L. Rev. 1155 (2014) (注意到寻求代孕的同性伴侣的增加).

39 *See* Elizabeth S. Scott, *Surrogacy and the Politics of Commodification*, 72 Law & Contemp. Probs. 109 (2009).

40 Anemona Hartocollis, *And Surrogacy Makes 3*, NYT, Feb. 20, 2014, at E1.

41 *See id.* (代孕"长期以来一直是富人和名人所采取的途径，部分原因是它需要良好的法律建议和金钱才能实现").

42 *See, e.g.*, the website of the American Academy of Assisted Reproductive Technology Attorneys, www. aaarta. org/aaarta/surrogacy/surrogacy.

43 *See* Amy M. Larkey, *Redefining Motherhood: Determining Legal Maternity in Gestational Surrogacy Contracts*, 51 Drake L. Rev. 605, 608 (2003) (注意到商业代孕和利他代孕之间的差异).

44 关于按照该思路的同居的概念化，参见 Shahar Lifshitz, *Married against Their Will? Toward a Pluralist Regulation of Spousal Relationships*, 66 Wash. & Lee L. Rev. 1565, 1569 (2009).

45 参见上文第6章，文本附注19。

46 *See, e.g.*, Elizabeth Brake, Minimizing Marriage: Marriage, Morality, and the Law (2012).

47 Ralph Wedgwood, Is Civil Marriage Illiberal? (2015) (未发表的手稿).

48 *Id.*

49 *Cf.* Elizabeth S. Scott & Robert E. Scott, *From Contract to Status: Collaboration and the Evolution of Novel Family Relationships*, 115 Colum. L. Rev. 293, 369 (2015).

50 *Id.* at 369-73.

51 *See* Robert J. Shiller & Allan N. Weiss, *Home Equity Insurance*, J. Real Est. Fin. & Econ. 21 (1999) (介绍了该观点); *See also* Lee Anne Fennell, *Homeownership 2. 0*, 102 Nw. U. L. Rev. 1047, 1049 (2008) (总结并阐述了法律背景下的权益保险).

52 关于详细的讨论，参见 Ora Bloom, Shared Equity Homeownership Models: The

Individual, Corporation and Community Perspectives（未发表的手稿）.

53　*See* Fennell, *supra* note 51, at 1069.

54　*See id.* at 1064, 1067.

55　*See id.* at 1065, 1069.

56　*See id.* at 1070, 1087.

57　*See id.* at 1103, 1107（讨论该种契约类型的进一步问题，例如房主和场外风险投资者在解决地方政治和政策问题以及处理财产税方面的各自的作用）.

58　*See respectively* David H. Kirkpatrick, *Cooperatives and Mutual Housing Associations*, J. Affordable Housing & Community Dev. L. , Spring 1992, at 7, 8, *and* Andrew Caplin et al. , *Shared–Equity Mortgages*, *Housing Affordability*, *and Homeownership*, 18 Housing Pol'y Debate 209, 209（2007）. 关于国外的变体，参见 Mike Berry et al. , *Financing Affordable Housing：A Critical Comparative Review of the United Kingdom and Australia*, *in* Australian Housing and Urban Research Institute（Nov. 2004）, www. ahuri. edu. au/publications/download/ ahuri _ 30206 _ fr；Robert Mowbray & Nicholas Warren, *Shared–Equity Homeownership：Welfare and Consumer Protection Issues*, *in* Shelter NSW（July 2007）, https：//web. archive. org/web/20120320114 107；http：//www. shelternsw. org. au/ docs/rpt07sharedequity–sb33. pdf.

59　John E. Davis, *More than Money：What Is Shared in Shared Equity Homeownership？*, J. Affordable Housing & Community Dev. L. , Spring/Summer 2010, at 259, 260.

60　*See* David M. Abromowitz, *An Essay on Community Land Trusts：Toward Permanently Affordable Housing*, *in* Property and Values：Alternatives to Public and Private Ownership 213, 218–219（Charles Geisler & Gail Daneker eds. , 2000）（描述了规避"自我执行"经济适用房契约限制的方法和监控需求）；Julia B. Milne, *Will Alternative Forms of CommonInterest Communities Succeed with Municipal Involvement？：A Study of Community Land Trusts and Limited Equity Cooperatives*, 38 Real Est. L. J. 273, 278–279, 283（2009）（讨论了某些共有产权房模式的监督和良好管理的困难）；John E. Davis, *Shared Equity Homeownership*, *in* National Housing Institute 75（2006）, www. nhi. org/pdf/SharedEquity Home. pdf（注意到在这一领域从非营利部分向公共部分的转变）.

61　参见上文第 7 章，文本附注 42~49。

62　Jan M. Smits，*A Radical View of Legal Pluralism*，*in* Pluralism and European Private Law 161，171（Leone Niglia ed.，2013）。

63　*See* Martijn W. Hesselink，*How Many Systems of Private Law Are There in Europe? On Plural Legal Sources，Multiple Identities and the Unity of Law*，*in* Pluralism and European Private Law，*supra* note 62，at 199.

64　*See* Ralf Michaels，*Why We Have No Theory of European Private Law Pluralism*，*in* Pluralism and European Private Law，*supra* note 62，at 139，149-53.

65　*Cf.* Stefan Grundmann，*The Future of Contract Law*，7 Eur. Rev. Contract L. 490，513，517（2011）。

第 12 章

1　*See generally* Barry Schwartz，The Paradox of Choice：Why More Is Less（2004）。当增加选择作为一种阻碍而不是增强有意义的选择的操纵策略时，就会在类似的方向上出现复杂且并发的效果。*See* Ohad Somech，Contractual Regret：A Psychological Perspective（2016）（未发表的手稿）。

2　在这些负效用方面，参见 Maytal Gilboa & Omer Y. Peled，Reassessing Autonomy（2016）（未发表的手稿）。

3　*See* Martijn W. Hesselink，*Non-Mandatory Rules in European Contract Law*，1 Eur. Rev. Contract L. 43，48-49（2005）。

4　因此，在德国法律中，对于"混合"（mixed）或"混合"（hybrid）合同的这种情况的决定性问题是，是应适用"吸收"（absorption）法还是"组合"（combination）法。吸收法适用于：①"具有非典型补充义务的典型合同"，在这种契约中，尽管存在非典型要素，但有一项主要义务明显地支配着契约。并且②在大多数情况下，适用于"融合"（fused）或"合并"（merged）合同，其中主要义务同时属于不同类型（根据主导类型）。组合法适用于③"联合（combined）合同"，即一方当事人承担不同类型的多种主要义务，但这些义务并不独立。④"耦合（coupled）合同"，即一方当事人的一种契约类型的主要义务与另一方当事人的另一契约类型的主要义务耦合在一起。⑤"组成"（comprised）或

"互联"（connected）合同，其中不同的合同部分可以各自形成独立的法律协议。
See Volker Emmerich, Münchener Kommentar zum Bürgerlichen Gesetzbuch § 311 para 28 (7th ed. 2016); Barbara vor Grüneberg, Palandts Kommentar zum Bürgerlichen Gesetzbuch, prologue to § 311 (75th ed. 2016); Manfred Löwisch & Cornelia Feldmann, Staudingers Kommentar zum Bürgerlichen Gesetzbuch § 311 para 33 (2012).

5 Cf. Barry Nicholas, The French Law of Contract 57 (2d ed. 1992) ［指出，由于法国律师意识到了不同有名合同（contrats nommés）的特点，缔约当事人可以有意识地尝试选择他们偏好的契约类型］。

6 关于一个重要的例子，涉及同性亲密关系的法律促进作用，参见 Allison Anna Tait, Divorce Equality, 90 Wash. L. Rev. 1245 (2015).

7 See generally Alan Manning, Monopsony in Motion 3–10 & tbl. 1. 1 (2003) （汇编了关于买方垄断的经济文献）。

8 See Nathan B. Oman, A Pragmatic Defense of Contract Law, 98 Geo. L. J. 77, 8690 (2009).

9 See Alan Schwartz & Robert E. Scott, Contract Theory and the Limits of Contract Law, 113 Yale L. J. 541, 598–609 (2003); Alan Schwartz & Robert E. Scott, The Political Economy of Private Legislatures, 143 U. Pa. L. Rev. 559 (1995); see also Alan Schwartz & Robert E. Scott, The Common Law of Contract and the Default Rule Project, 102 Va. L. Rev. 1523 (2016).

10 See generally Neil K. Komesar, Imperfect Alternatives: Choosing Institutions in Law, Economics, and Public Policy (1994).

11 参见上文第 11 章，文本附注 44。

12 Ann Laquer Estin, Ordinary Cohabitation, 76 Notre Dame L. Rev. 1381, 1399–1402 (2001).

13 See Hanoch Dagan, Restitution and Relationships, 92 B. U. L. Rev. 1035, 1040 (2012).

14 See Elizabeth S. Scott & Robert E. Scott, From Contract to Status: Collaboration and the Evolution of Novel Family Relationships, 115 Colum. L. Rev. 293, 359 – 64 (2015).

15 参见上文第 11 章，文本附注 11。

结　论

1　参见上文第 5 章，文本附注 26~33 以及附带文本。

2　参见上文第 7 章，文本附注 22~24；第 8 章，文本附注 4~6；以及第 10 章，文本附注 37~38。沿着这些思路，再考虑一下我们分析特许经营合同和商务代理合同之间的选择的方法。参见上文第 6 章，文本附注 41。

3　参见上文第 7 章，文本附注 12~14。

4　参见上文第 7 章，文本附注 32~35，以及第 10 章，文本附注 34。

5　参见上文第 8 章，文本附注 33。

6　参见上文第 9 章，文本附注 2~6。

7　参见上文第 9 章，文本附注 7~8 以及 11~12。

8　参见上文第 10 章，文本附注 14。

9　参见上文第 10 章，文本附注 30~44。

10　参见上文第 11 章。

11　顺着这一思路，还可以回顾一下我们对婚姻合同和代理合同的分析。参见上文第 6 章，文本附注 19~22；以及第 10 章，文本附注 5~11。

索 引

（索引中的页码为本书边码）

图书在版编目（CIP）数据

契约选择论 / （美）哈诺克·达甘，（美）迈克尔·
海勒著；孙伊译. -- 北京：中国政法大学出版社，
2025. 6. -- ISBN 978-7-5764-2094-4

Ⅰ. D913.04

中国国家版本馆CIP数据核字第2025N36F26号

出 版 者	中国政法大学出版社
地　　址	北京市海淀区西土城路 25 号
邮寄地址	北京 100088 信箱 8034 分箱　邮编 100088
网　　址	http://www.cuplpress.com（网络实名：中国政法大学出版社）
电　　话	010-58908289(编辑部) 58908334(邮购部)
承　　印	固安华明印业有限公司
开　　本	880mm×1230mm　1/32
印　　张	8.5
字　　数	200 千字
版　　次	2025 年 6 月第 1 版
印　　次	2025 年 6 月第 1 次印刷
定　　价	49.00 元